AF743190

Développement solidaire
et lutte contre les inégalités mondiales

Collection « Inter-National »
dirigée par Denis Rolland, Joëlle Chassin
Françoise Dekowski et Marie-Hélène Touzalin

Cette collection a pour vocation de présenter les études les plus récentes sur les institutions, les politiques publiques et les forces politiques et culturelles à l'œuvre aujourd'hui. Au croisement des disciplines juridiques, des sciences politiques, des relations internationales, de l'histoire et de l'anthropologie, elle se propose, dans une perspective pluridisciplinaire, d'éclairer les enjeux de la scène mondiale et européenne.

Dernières parutions

Gildas LEMARCHAND, *Désarmement, Démobilisation et Réintégration au cœur des conflits armés sahéliens*, 2021.
Céline LOUÉ, *La France et les relations diplomatiques européennes dans la presse espagnole (1820-1833)*, 2021.
Laure-Hélène SWINNEN, *Le reggae et les femmes. Désaccords en nombre et en genre*, 2021.
Eloïse HERVÉ DU PENHOAT, *L'union européenne au défi du gazoduc Nord Stream 2*, 2021.
Anne MONSSUS, *La salsa cubaine en Europe et en Amérique. Comment danse-t-on « a lo cubano » ?*, 2021.
Sergio MOLINA GARCIA, *Une clé pour l'Europe : le débat agricole franco-espagnol et l'adhésion de l'Espagne à la CEE (1975-1982)*, 2021.
Axelle DJAMA, *Naissance et fonctionnement de la police au Somaliland. Ethnographie d'un commissariat de police urbain*, 2021.
Cyriaque ESSEBA (dir.), *Dynamiques des relations internationales contemporaines. Mélanges offerts au professeur Jean Koufan Menkéné*, 2021.
Charlotte MEYER, *La protection internationale des journalistes en mission professionnelle périlleuse. Enquête sur un défi impossible*, 2021.
Véronique BÉNÉÏ, Maria Emilia TIJOUX (dir.), *Racismes, corps, attentes. Figures de la migration en contexte contemporain*, 2021.
Jérémy DENIEULLE, *Géopolitique de Cuba. Ouverture, représentations et sécurité alimentaire de l'île*, 2021.

Philippe Marchesin

Développement solidaire et lutte contre les inégalités mondiales

L'Harmattan

Du même auteur

L'action en matière de sécurité alimentaire, Institut du droit de la paix et du développement, Nice, 1982. Premier prix *ex aequo* de l'Association Tiers monde (ISMEA, François Perroux).

Tribus, ethnies et pouvoir en Mauritanie, Paris, Karthala, 1992. Prix Robert Cornevin 1993 de l'Académie des sciences d'outre-mer. Réédité dans la collection Classiques Karthala, 2010.

Mitterrand et l'Afrique (maître d'œuvre), *Politique africaine* 58, Paris, Karthala, juin 1995.

Observatoire permanent de la Coopération française, *Rapport 1995* (maître d'œuvre), Paris, Desclée de Brouwer, 1995.

Observatoire permanent de la Coopération française, *Rapport 1996* (maître d'œuvre), Paris, Desclée de Brouwer, 1996.

Les nouvelles menaces. Les relations Nord-Sud des années 1980 à nos jours, Paris, Karthala, 2001.

La Biélorussie, Paris, Karthala, 2006.

Introduction aux relations internationales, Paris, Karthala, 2008.

La revanche du Sud, Paris, L'infini, 2010. Prix Mirabaud 2011. 2e édition, 2012.

Baïkal (avec Ludmila et David Marchesin), Paris, L'infini, 2010. 2e édition, 2012.

Biélorussie : Belovezhskaya Pushcha, Arc géodésique de Struve, Nesvizh, Mir, (avec Ludmila Marchesin), Paris, L'infini, 2011.

Kamtchatka (avec Ludmila Marchesin), Paris, Éditions L'infini, 2014.

Mai 68. Confession d'un petit séminariste, Lyon, Éditions Baudelaire, 2018.

La politique française de coopération. Je t'aide, moi non plus, Paris, L'Harmattan, 2021.

© L'Harmattan, 2021
5-7, rue de l'Ecole-Polytechnique, 75005 Paris

http://www.editions-harmattan.fr

ISBN : 978-2-343-25043-4
EAN : 9782343250434

À Marie-Cé, Jamal et Sarah

Introduction

Pourquoi un livre sur le développement solidaire et la lutte contre les inégalités mondiales, autrement dit l'aide publique au développement (APD), l'exemple retenu étant celui de la France, un cas ayant valeur de modèle en raison de l'histoire et du contenu de l'aide française ?

L'intérêt de ce thème

La principale raison d'être de la politique d'aide au développement est la lutte contre la pauvreté. Un tel objectif est évident pour les premiers concernés, qui en ressentent le besoin immédiat. Il l'est également si l'on veut préserver durablement la concorde et la paix dans le monde. Ce thème est plus que jamais d'actualité en ces temps de Covid marqués par la hausse de la pauvreté dans le monde alors qu'elle devait disparaître dans sa forme la plus extrême à l'horizon 2030. L'un des symptômes de cet accroissement est la progression de l'insécurité alimentaire : la pandémie a aggravé la faim chronique qui concerne désormais 9,9 % de la population mondiale[1]. Et l'on sait, selon le mot attribué à Winston Churchill, qu'entre la civilisation et la barbarie, il n'y a que cinq repas.

Le rôle de l'aide peut être primordial car les plus pauvres sont souvent également les plus oubliés dans les pays en difficulté. Une aide bien conçue et surtout bien ciblée peut devenir un instrument particulièrement efficace pour sortir de la pauvreté et s'engager vers le développement.

Un moment particulier

L'aide publique au développement est une question généralement peu présente dans le débat public. Elle n'est habituellement abordée que dans quelques lieux spécialisés. Le moment est particulier dans la mesure où plusieurs événements ont soudain donné de la visibilité à cette politique publique.

Il s'agit en tout premier lieu du vote de la loi sur « le développement solidaire et la lutte contre les inégalités mondiales » débattue et adoptée par le parlement en 2021. Ce texte, très largement approuvé à l'Assemblée nationale et au Sénat, est l'aboutissement d'un processus lancé lors de la dernière réunion du Comité interministériel de la coopération internationale et du développement (CICID) du 8 février 2018. Dans son sillage, plusieurs rapports ont été rédigés, notamment par les députés Hervé Berville (août 2018 et janvier 2021), Bérangère Poletti et Rodrigue Kokouendo (juin 2018) et les sénateurs Hugues Saury et Rachid Temal (avril 2021).

D'une bien moins grande ampleur, mais dans le même mouvement, des Rencontres internationales de la coopération ont été organisées par Expertise France le 9 février 2021.

Le tout doit bien évidemment être apprécié par rapport au bilan du mandat d'Emmanuel Macron en la matière et au programme du candidat à l'élection présidentielle de 2022.

La parution en janvier 2021 du petit livre de Najat Vallaud-Belkacem, *Objectif 2030 : un monde sans extrême pauvreté*[2], consacré presque entièrement à l'aide publique au développement, participe également de l'exposition subite de la politique de développement solidaire, très peu d'ouvrages grand public étant d'ordinaire consacrés à cette thématique. On rappellera que l'auteure est directrice

France de l'ONG ONE dont l'objectif est de lutter contre l'extrême pauvreté.

Complétons ce tableau avec la publication, au printemps 2021, d'un numéro de la revue *Politique étrangère* consacré au rebond de la pauvreté consécutif à la pandémie de Covid-19. Plusieurs articles de cette livraison traitent directement de l'aide publique au développement, dont l'un du directeur général de l'Agence française de développement (AFD).

On ajoutera l'organisation du Nouveau Sommet Afrique France le 8 octobre 2021 à Montpellier durant lequel la question de l'aide au développement a été abordée aussi bien par Emmanuel Macron que par ses interlocuteurs, ainsi que la publication, quelques jours auparavant, du rapport d'Achille Mbembe *Les nouvelles relations Afrique-France : relever ensemble les défis de demain,* où l'universitaire camerounais fait treize propositions, dont une concerne l'APD, pour renouveler la relation entre la France et l'Afrique. La veille du Sommet, paraît un ouvrage critique concernant l'aide publique au développement et plus généralement la politique menée sous la Ve république, une somme co-dirigée par l'un des porte-parole de l'association Survie, Thomas Borrel, *L'empire qui ne veut pas mourir. Une histoire de la Françafrique*[3]. Quelques jours auparavant, dans la même lignée, Mediapart et Disclose, media d'investigation, publiaient, sous la plume de Justine Brabant et Anthony Fouchard, une enquête sur *Les nouvelles dérives de l'aide française au développement*[4].

Enfin, dans une moindre mesure, car n'envisageant pas à titre principal l'APD, mais abordant des sujets directement liés à elle, signalons la sortie de plusieurs ouvrages en 2020 et 2021[5].

Bref, en l'espace de quelques mois, nous avons soudain bénéficié d'un ensemble de regards croisés qui invitent au débat. D'autant plus que la période actuelle correspond à l'aboutissement d'un important tournant initié depuis quelques années en matière d'aide, à tel point que lors du Sommet de Montpellier, Emmanuel Macron a dit vouloir changer le nom même de l'aide. Il importe de décrypter ce moment et de mettre au jour ses faux-semblants.

Un contenu différent

La plupart des contributions officielles évoquées ci-dessus se caractérisent par un certain unanimisme autour du consensus ambiant. Certes, des voix différentes et fort pertinentes, provenant d'une partie de l'opposition, ont été perceptibles lors du débat parlementaire, sans pour autant proposer, certainement faute de temps et de moyens, une critique construite et systématique de la *doxa* officielle. Le vote quasi unanime, même s'il y eut quelques abstentions à l'Assemblée nationale [sur 543 votants, 502 suffrages exprimés, 502 pour, 0 contre] et deux votes contre au Sénat [sur 344 votants, 329 suffrages exprimés, 327 pour], renvoyait d'une certaine manière aux grandes heures du consensus droite – gauche sur la politique de coopération. Le Nouveau Sommet France-Afrique, au-delà de quelques fulgurances, n'a quant à lui pas proposé de véritable analyse sur l'APD.

Les publications, qui ont leurs mérites respectifs, comportent-elles aussi certaines limites. Le livre de Najat Vallaud-Belkacem, sans être dépourvu d'une sympathique vision en faveur des plus pauvres, traite surtout de généralités, loin d'une critique raisonnée de l'opinion majoritaire. Les articles de *Politique étrangère* n'abordent pas spécifiquement l'aide française. Le rapport d'Achille Mbembe et le livre de Thomas Borrel et al. n'envisagent que très rapidement la question de l'aide. Les articles de

Mediapart, par nature, ne sont ciblés que sur des épiphénomènes.

Quelle est alors notre différence ?

La première particularité de cet ouvrage est d'avoir pour objet unique l'aide publique au développement de la France. Par ailleurs, eu égard aux contributions officielles, il propose un point de vue autre, consistant à passer au crible le discours dominant et ses traductions pratiques. Notre différence, à cet égard, s'explique aisément : elle concerne avant tout les sources. Point besoin de s'étendre sur celles de l'exécutif qui produit le discours de référence alimenté par une littérature administrative endogame. S'agissant des autres contributions institutionnelles centrées sur l'aide, elles s'appuient majoritairement sur des auditions le plus souvent de responsables d'organisations ou de hauts cadres de l'administration rarement synonymes d'audace tant sont craints les risques qui peuvent y être associés. Ces auditions sont en outre publiques. Ces deux facteurs expliquent certainement le fait « de ne pas tout dire », les ONG elles-mêmes, bien que comptant parmi les meilleures défenseures d'une logique tournée vers la lutte contre la pauvreté, n'étant pas moins à la recherche de fonds qui ne sont accordés qu'avec parcimonie par les pouvoirs publics, ce qui suppose de « montrer patte blanche ».

La contribution de Najat Vallaud-Belkacem s'appuie quant à elle majoritairement sur des rapports, le plus souvent d'organisations internationales – ou plutôt interétatiques pour être plus exact – ce qui implique une certaine vision. « La plus belle mariée ne peut donner que ce qu'elle a ».

La principale originalité de notre livre est qu'il repose, outre les sources classiques de tout travail universitaire, sur des archives (« quand l'administration parle vrai ») et sur des entretiens, réalisés avant tout avec des agents et des cadres moyens, dont la liberté de parole est plus grande, qui plus est sous couvert d'anonymat[6]. Cette double condition permet aux langues de se délier.

Le cheminement suivi

Février 2021 : le robot Perseverance se pose sur Mars. Au regard de la prouesse technologique, combien de Terriens se trouvent-ils encore dans des conditions misérables ? Certes, la Banque mondiale nous dit que le nombre de personnes vivant dans l'extrême pauvreté [à savoir disposant de moins de 1,90 dollar par jour] a reculé d'environ 75 % depuis 1990[7]. Encore faudrait-il qu'elle précise combien vivent avec un tout petit peu plus que 2 dollars… notamment dans l'ambiance actuelle (post)-crise Covid. Dans un rapport de 2011, la Banque africaine de développement estimait que la classe moyenne en Afrique s'élevait à quelque 350 millions d'individus. Déduction faite de ceux vivant avec 2 à 4 dollars par jour, fourchette dans laquelle il semble difficile d'inclure la classe moyenne, ce nombre baissait à 135 millions. En 2015, le Crédit suisse, utilisant ses propres critères, estimait que la classe moyenne africaine comptait 19 millions d'individus[8]. Outre que tout est relatif, il est clair qu'on est loin d'en avoir fini avec la pauvreté sur la planète.

Et pourtant, éradiquer l'extrême pauvreté était bien la mission principale de l'aide, qui a vu le jour après la Seconde Guerre mondiale. Plus de soixante ans après les indépendances africaines, le résultat laisse pour le moins à désirer.

Même s'il y a eu des avancées çà et là, le constat est sans appel. La coopération [terme que nous utiliserons, à l'instar des spécialistes de la question, comme synonyme d'aide publique au développement] n'a pas, ou pas suffisamment, joué son rôle. En 2009, constatant que plus de mille milliards de dollars avaient été versés à l'Afrique depuis une cinquantaine d'années, Dambisa Moyo soulignait l'échec de l'aide[9]. Plus près de nous, dans un entretien au *Journal du Dimanche* le 30 mai 2021, Emmanuel Macron n'y va pas par quatre chemins. Après avoir évoqué, si la situation actuelle perdure, l'ampleur des migrations africaines à venir, il affirme : « Le fait migratoire est donc un signal d'échec de nos politiques d'aide publique au développement » et conclut : « Il faut tout revoir, sinon on ne s'en sortira pas. »

En résumé, tout pousse à agir. Les trop forts écarts de richesse seront de moins en moins supportables. Avez-vous remarqué, lorsque vous faites vos courses, la différence de prix entre un kilo de bananes et un kilo et de pommes ? Alors que le premier fruit est cultivé bien plus loin, il est beaucoup moins cher. J'ai même vu, dans une enseigne *low cost* il y a quelques années, un écriteau posé près du stand de bananes sur lequel était indiqué : « Bas prix durable », ce qui questionnait pour le moins l'orientation du « développement » auquel on accole le même adjectif ! Cette anecdote n'est-elle pas l'expression d'un décalage qui défie toute logique mais se veut révélateur de bien des déséquilibres ? Le rôle de l'aide au développement est ici crucial. Or, cette dernière n'est pas au rendez-vous.

Après plus de quarante ans d'étude de la coopération et du développement, j'ai pris conscience du fait que la solidarité de la France [mais également des autres donateurs] est à géométrie variable. Si la solidarité sur le plan intérieur ne fait guère de doute – une amie russe me disait il y a peu qu'en raison de son système de protection sociale, la France est le dernier pays communiste du monde –, il n'en est pas de même au niveau international. La solidarité appliquée à l'extérieur change de nature :

enserrée dans la politique étrangère, elle devient influence. Tout l'enjeu de l'aide, me semble-t-il, est justement de la séparer de la diplomatie. C'est le contraire de ce que préconisent les responsables actuels de l'aide. J'essaierai de montrer dans ce livre comment une aide utilisée différemment pourrait permettre d'éviter nombre des déconvenues annoncées.

Je commencerai, dans une première partie, par mettre à jour, de manière synthétique, les principaux travers de l'aide telle que nous la connaissons depuis qu'elle existe. Dans un deuxième temps, je montrerai comment le pouvoir a réagi durant le mandat d'Emmanuel Macron, ce qui me conduira à souligner ses limites en l'espèce. Il s'agira enfin de proposer des pistes d'action pour les années à venir afin de tenter de réaliser vraiment l'éradication de l'extrême pauvreté.

Notes

1. *Le Monde*, 14-15 juillet 2021.
2. Paris, Librio, 2021.
3. Paris, Seuil, 2021.
4. Mediapart, six articles, du 27 septembre au 3 octobre 2021.
5. Khaled Igué, *L'heure de l'Afrique. Pour un développement durable et inclusif*, Paris, Hermann Éditeurs, 2020 ; Jean-Jacques Gabas, Marc Lautier, Michel Vernières (dir.), *Prospectives du Développement*, Paris, Karthala-Gemdev, 2020 ; Carlos Lopes, *L'Afrique est l'avenir du monde. Repenser le développement*, Paris, Éditions du Seuil, 2021 ; Antoine Glaser et Pascal Airault, *Le piège africain de Macron. Du continent à l'Hexagone*, Paris, Fayard, 2021 ; Catherine Coquery-Vidrovitch, *Le*

choix de l'Afrique. Les combats d'une pionnière de l'histoire africaine, Paris, La Découverte, 2021.

6. Plus de mille entretiens ont été réalisés, principalement par les étudiants de quatre masters 2 de l'université Paris 1 Panthéon-Sorbonne (Développement et action humanitaire, Études africaines et méditerranéennes, Droits africains, Coopération internationale Afrique-Moyen-Orient) de 2010 à 2020 dans le cadre de séminaires de recherche sur la coopération. Ils constituent l'armature d'une publication consacrée à la coopération française (Philippe Marchesin, *La politique française de coopération. Je t'aide, moi non plus*, Paris, L'Harmattan, 2021).

7. Cf. Najat Vallaud-Belkacem, *Objectif 2030 : un monde sans extrême pauvreté*, op. cit., p. 12.

8. Cf. Pierre Jacquemot, « Afrique subsaharienne 2020-2050 », in Jean-Jacques Gabas, Marc Lautier, Michel Vernières (dir.), *Prospectives du Développement*, *op. cit.*, p. 34.

9. *L'aide fatale. Les ravages d'une aide inutile et de nouvelles solutions pour l'Afrique*, Paris, JC Lattès, 2009.

PREMIÈRE PARTIE

« Pourquoi m'en veux-tu ? Je ne t'ai encore rien donné »

Cette pensée de Confucius, qui témoigne de l'actualité des réflexions des Anciens – un peu comme la coopération, marquée par la continuité – nous guidera tout au long de la première partie.

Les mots ont un sens.

Aussi loin que l'on remonte, le concept d'aide au développement repose sur le couple solidarité/intérêt. En 1923, le ministre des Colonies Albert Sarraut invite dans ce sens à concilier « le cœur et la raison »[1], des termes repris mot pour mot par Valéry Giscard d'Estaing lors de l'inauguration d'un monument aux morts à Bangui en 1975[2] et Alain Juppé dans le *Projet de coopération pour la France* une vingtaine d'années après[3]. Le slogan mitterrandien « Aider le tiers monde, c'est s'aider soi-même à sortir de la crise » relève du même registre. Plus près de nous, tous les grands textes relatifs à la coopération ou l'aide au développement (décisions du CICID, lois sur la politique de développement...), insistent sur le double fondement de la solidarité et de l'influence.

Cette dichotomie s'efface, dans la réalité, pour donner une place écrasante à l'influence[4].

Si la recherche de l'intérêt, constante depuis la création de l'aide, a longtemps été tue, elle s'expose de plus en plus ouvertement. Parmi de très nombreux exemples, le rapporteur de la commission des Finances de l'Assemblée nationale pour la mission APD, Marc le Fur, en fait la démonstration lors de la présentation du rapport spécial pour le projet de loi de finances 2019. Il écrit, dès l'introduction : « L'aide publique au développement constitue l'un des trois D (diplomatie, défense, développement) censés guider la stratégie française d'influence au niveau international[5]. » *Exit* toute référence à la solidarité.

Or, force est de constater, alors que la part d'influence est toujours plus importante (cf. *infra*), que l'aide au développement est de plus en plus présentée sous l'angle de la solidarité. La loi de 2021 sur le « développement solidaire » fait uniquement référence, à travers son titre, à la solidarité. En 2013, tandis qu'il lance sa politique de diplomatie économique, le ministre des Affaires étrangères Laurent Fabius – qui sait de quoi il parle – déclare : « Notre politique de développement doit s'inscrire dans le cadre de notre action diplomatique d'ensemble. Elle n'est pas un domaine autonome qui pourrait fonctionner selon une logique indépendante. Elle participe notamment au statut de puissance d'influence qui est celui de la France et elle doit être mise en œuvre dans cette perspective[6]. »

En inscrivant l'APD uniquement dans le cadre de la solidarité alors qu'elle est avant tout, dans la réalité, influence, l'aide est littéralement déboussolée. Une perte de repères toutefois plus consentie et réfléchie que subie.

La première partie permettra d'expliquer ce qu'est véritablement l'aide à partir de trois points d'analyse, servant ainsi de cadre destiné à planter le décor. Cette partie montrera que, depuis qu'elle existe, l'aide est avant tout intérêt et non solidarité. Bref, les mots ont bien un sens.

Notes

1. Albert Sarraut, *La mise en valeur des colonies françaises*, Paris, Payot, 1923.
2. Discours inauguration monument, 8 mars, Voyage en Centrafrique, 5-8 mars 1975, carton AG/5(3)/1433, Archives nationales, Pierrefitte-sur-Seine.
3. Rassemblement pour la République, *Projet de coopération pour la France*, présenté par Alain Juppé, Secrétaire général du RPR et Richard Cazenave, Secrétaire

national chargé des droits de l'homme et du développement, Paris, 10 mars 1993, p. 4.
4. Ce que j'ai tenté de (dé)montrer dans Philippe Marchesin, La *politique française de coopération. Je t'aide, moi non plus*, Paris, L'Harmattan, 2021.
5. Marc Le Fur, Rapport spécial, Aide publique au développement, Projet de loi de finances pour 2019, Assemblée nationale, Commission des Finances, octobre 2018, p. 7.
6. Discours de Laurent Fabius lors des Journées du réseau Agence française de développement, Paris, 8 janvier 2013.

1

La doctrine

À tout seigneur, tout honneur

Dans le cadre des institutions de la Ve République, la coopération relève du domaine réservé du chef de l'État. C'est lui qui donne l'« impulsion » politique, pour reprendre le terme utilisé aussi bien par Charles de Gaulle que par François Mitterrand.

Depuis 1958, tous les présidents ont fait preuve d'une remarquable continuité en la matière. Les bases posées par le général de Gaulle, volontiers qualifié de « père de la coopération », tiennent encore.

Donnons-lui la parole à travers trois citations qui font office de véritable définition de ce que sera l'aide publique au développement, jusqu'aujourd'hui : « Tous les pays sous-développés qui hier dépendaient de nous et qui sont aujourd'hui nos amis préférés demandent notre aide et notre concours. Mais cette aide et ce concours, pourquoi les donnerions-nous si cela n'en vaut pas la peine ?[1] » ; « Cet argent que nous donnons pour l'aide aux pays sous-développés n'est de l'argent perdu à aucun point de vue. Je considère même que c'est un très bon placement[2] » ; « Pour éviter qu'une influence étrangère ne se substitue à celle de la France, pour que les peuples africains parlent notre langue et partagent notre culture, nous devions les aider[3]. »

L'aide fournie va ainsi se monnayer de plusieurs manières : économique, à travers l'accès aux matières premières, les préférences accordées aux entreprises françaises ; diplomatique, par l'intermédiaire d'une réserve de voix aux Nations unies ; culturelle, avec la francophonie…

Bien sûr, la composante solidarité est également présente, essentiellement dans le discours. C'est la vision stratégique qui prend le dessus, loin d'une conception de la coopération qui serait basée sur l'altérité et la lutte contre la pauvreté. Témoin l'entretien qui suit entre le général de Gaulle et le président Eisenhower du 19 décembre 1959 retranscrit dans un document classé « très secret » exhumé par Julien Meimon :

De Gaulle : « […] À propos d'indépendance, nous aurons dans quelques années aux Nations Unies trente nations noires, vingt nations islamiques, quinze nations asiatiques, dix pays communistes et dix-sept pays occidentaux. C'est une inquiétante perspective !

Eisenhower : Aussi longtemps que nous pouvons compter sur les pays de l'Amérique du Sud, nous avons là une réserve de vingt votes. […] Je suis surpris de voir certains pays de la Communauté[4] réclamer leur indépendance. Ils ne sont pas prêts pour cela. Savent-ils seulement ce que ce terme implique ? À mon avis, ils s'imaginent que c'est quelque chose qui se mange.

De Gaulle : Ils veulent aller à l'ONU et voyager dans le monde.

Eisenhower : Le fait de leur donner des ambassades semble les satisfaire.

De Gaulle : Oui. Mais il y a douze États dans la Communauté et tous veulent appartenir aux Nations Unies. »

Les deux chefs d'État esquissent alors quelques pistes pour l'avenir :

Eisenhower : « J'espère que l'on pourra arriver à une stabilisation en Afrique qui empêchera la chaudière d'éclater. Si chacun de ces pays avait tout de suite son indépendance effective, ce serait le chaos.

De Gaulle : Je suis très heureux de vous entendre prononcer ces sages paroles. L'Occident, sur ce point, devrait être solidaire[5]. »

Les successeurs de Charles de Gaulle suivent ses pas, avec une conception un peu plus culturelle de la coopération pour l'agrégé de lettres Georges Pompidou (qui n'oublie pas les fondamentaux), plus économique (« affairiste » selon le terme retenu par l'ancien directeur général de la Caisse centrale de coopération économique, André Postel-Vinay[6]) pour l'ancien ministre de l'Économie Valéry Giscard d'Estaing.

L'alternance, symbolisée par François Mitterrand, ne dure pas (Jean-Pierre Cot est « démissionné » dès décembre 1982). Le président socialiste le reconnaît lui-même : « Il n'y a pas de hiatus dans la politique africaine de la France avant mai 1981 et après. Si la méthode a changé, l'objectif est resté. Il consiste à préserver le rôle et les intérêts de la France en Afrique[7]. »

Malgré quelques initiatives en faveur de l'aide dont la taxe de solidarité sur les billets d'avion, Jacques Chirac se veut avant tout l'héritier du système foccartien[8]. Nicolas Sarkozy se situe quant à lui dans le sillage de la réforme de la coopération de 1998 destinée avant tout à s'ouvrir à l'Afrique « utile » (orientale, australe et méditerranéenne). Il promeut la diplomatie d'influence. Un cadre de l'AFD interviewé fin 2018 commente : « Le dernier défenseur de l'aide au développement, c'était Chirac. Chirac, voilà, c'était il y a longtemps déjà. Sarko, il s'en foutait pas mal ; au début, un petit peu…[9] »

Le grand fossoyeur de la conception solidaire de la coopération se veut toutefois François Hollande avec la mise en place, par son ministre des Affaires étrangères Laurent Fabius, de la diplomatie économique, nouvelle doctrine en matière d'aide. Désormais, la dimension utilitaire tend à investir tout le champ de la coopération et ce, dans tous les secteurs, avec la diplomatie culturelle, scientifique, écologique, sécuritaire, agricole, numérique, sportive… Contrairement à l'oxymore congénital de l'aide dont le fondement conceptuel était le couple solidarité/intérêt, la « diplomatie », quelle que soit sa déclinaison, n'est qu'intérêt[10].

La parole se libère

Les entretiens conduits avec des agents et des cadres moyens de la coopération, celles et ceux qui *font* la coopération, sont déterminants. Ils concernent des individus qui, bien souvent, connaissent leur métier car ils l'ont choisi. Pour avoir enseigné pendant des lustres dans des masters de coopération et développement, je sais que de nombreux candidats aux métiers de la coopération sont motivés et s'intéressent à leur travail. Leurs témoignages sont d'autant plus précieux.

N'ayant pas le même rapport à l'institution que les hauts fonctionnaires qui la représentent et, dans leur intérêt direct, la défendent, ils sont plus attachés à la cause. Leur parole est importante car, si problème il y a, ils éprouvent le besoin existentiel de le dire. L'anonymat est bien entendu le corollaire de leur position de relative fragilité, plusieurs interviewés ayant clairement indiqué leur crainte de sanctions. Disons-le tout net : on ne s'exprime pas librement sur les questions de coopération en France ! Le résultat serait-il si différent de ce qui est annoncé ?

Nous ferons référence très régulièrement à ce type d'entretiens dans les pages qui suivent.

Commençons par une première interviewée dont l'entretien est si riche que nous avons choisi de ne citer qu'elle dans ce point. Cette personne a travaillé de nombreuses années dans la coopération (ONG, expertise et réseau diplomatique français). Elle fait tout d'abord le point de façon générale concernant l'influence : « La coopération française est une coopération au service de l'influence de la France (économique, politique, militaire, culturelle). […] Pour moi, qui ai fait vingt ans de coopération, à aucun moment, dans les projets que j'ai mis en œuvre, il n'y avait pas un intérêt, en tout cas un intérêt premier qui n'était pas celui des bénéficiaires ».

Elle identifie ensuite plusieurs problèmes dans la manière dont l'aide est organisée.

Vient en premier lieu celui de la déperdition : « Il y a vraiment une industrie autour de la coopération. Et des gens qui se nourrissent sur la bête. Aujourd'hui, pour l'aide internationale dans sa globalité, ce qu'il faudrait faire, c'est vraiment une étude pour déterminer, sur les milliards qui sont déversés, combien arrivent vraiment aux bénéficiaires, c'est-à-dire aux personnes qui en ont le plus besoin. »

S'ensuit la question de l'interlocuteur : « Quand tu penses que ça fait trente ans qu'on renforce les capacités de tel ministère, qu'on met de l'argent sur la décentralisation et on en est toujours au même point. […] Ça n'avance pas. La coopération qui passe par les États, ça ne fonctionne plus. »

Se pose corrélativement la difficulté d'atteindre la bonne cible : « Aujourd'hui, avec les processus de coopération bilatérale, on en arrive à être à l'inverse de l'objectif. On s'est mis à dos les sociétés civiles. On a des appuis avec des États qui ne sont pas forcément recommandables. Et on a zéro effet sur le terrain. Au final, on est dans l'affichage. On est dans du déclaratoire. Dans de l'évaluation, des indicateurs qui sont purement de la finance internationale mais qui n'ont rien à voir avec les besoins des populations sur le terrain. »

Elle pointe également une démarche quelque peu artificielle : « On envoie des consultants qui sont toujours les mêmes. Par exemple, X est venu avec moi au Mali. Il était avant en RCA et il a fait la mission juste avant en Amérique latine. Le même gars, qui reproduit les mêmes schémas qui plaisent aux bailleurs. Il utilise les mots-clés. [...] On est gérés et régis par des mots-clés. Aujourd'hui, c'est "double espace", c'est-à-dire que ce qu'on fait en Europe, on le fait en Afrique. Il y a l'"appropriation" aussi, il faut que les pays s'approprient les projets. Tu as "l'approche intégrée" aussi, c'est-à-dire comment, au sein d'un projet, tu as vu toutes les ramifications : il faut que ton projet ait un peu de sécurité, un peu de femme parce que c'est transversal, un peu d'environnement. Au final, tu as un peu de ci, un peu de ça, saupoudré. »

Elle souligne aussi une spécificité bien française en matière de coopération : « La France a un syndrome néocolonial qui est celui de l'universalisme de sa politique d'aide au développement. Elle estime qu'elle doit intervenir sur l'ensemble du monde, contrairement par exemple aux Allemands qui n'interviennent pas dans certaines zones parce qu'ils n'ont aucun lien avec les pays. Nous, non. On se cache derrière cette vision universelle et universaliste pour dire "on veut aider tout le monde". Mais, au final, on n'est pas forcément très à même sur les contextes de ces différents pays[11]. On arrive avec une sorte de modèle qu'on essaie d'imposer. Et on se rend compte aujourd'hui que ce n'est plus possible. On est un peu rétrogrades dans la façon dont on voit la coopération, même si on parle de "coopération innovante". »

L'interviewée parle également d'un dispositif d'aide au développement encombré de procédures : « Quand tu vois le cycle des projets à l'AFD, c'est un an et demi. Le mec, il a le temps de crever à attendre son puits ! On a des procédures d'octroi qui sont ubuesques et qui nous empêchent finalement de travailler avec ceux qui travaillent vraiment avec les gens. Et on s'enferme dans un cercle vicieux. Moi, j'ai encore été interviewée par l'AFD. Le mec, je lui ai dit : « Tant que vous ne changez pas les procédures d'intervention de l'AFD, Macron, il pourra toujours dire : « Qu'est-ce qu'on n'a pas vu ? Comment, en Tunisie, on n'a pas vu monter ce sentiment anti-français ? Et pourquoi ça vote pour les islamistes ? Pourquoi on n'a pas vu venir ? » « Bah… parce que vous n'êtes plus en contact avec cette tranche-là de la population. »

Elle remarque aussi qu'en matière d'aide, on tourne souvent en rond : « On refait la même chose sans cesse parce qu'il n'y a pas d'appropriation. On fait un projet, on s'en va. Il n'y a pas de suivi », que l'on ne travaille pas suffisamment sur la durée alors que le développement est un processus : « On ne pense pas suffisamment sur la durée. Et d'ailleurs, nos financements ne sont pas sur la durée. Les Suisses ont des financements sur dix ans ! C'est-à-dire qu'ils vont accompagner un secteur pendant dix ans. Nous, on accompagne les femmes un an. L'éducation, un an. Le machin, un an, en fonction des priorités. Comment tu veux changer profondément les choses ? Parce qu'on a des priorités politiques volatiles, changeantes… On est dans de la com. On n'est plus dans de l'aide au développement pour les populations et ce qui est important pour eux. »

Elle note un dernier travers : « Il n'y a pas de coordination de l'aide. Il n'y a pas de répartition de l'aide. On ne s'est jamais dit : « Vous, vous êtes bien dans ce domaine ou dans cette zone et nous, on va aller ailleurs. » Non ! Tout le monde est sur la même colline à vouloir mettre son drapeau en haut. Pour moi, la coopération, aujourd'hui, c'est ça. Si je devais faire un dessin, ce serait : « À vos marques, prêts, partez. Une course avec un petit drapeau, et c'est celui qui arrivera en haut de la colline en premier pour mettre son drapeau. Et être le maître du monde. Enfin, le maître du monde dans le pays, quoi[12]. »

Notes

1. Charles de Gaulle, Conférence de presse tenue au Palais de l'Élysée le 11 avril 1961, *Discours et messages,* Tome III, « Avec le renouveau, 1958-1962 », Paris, Plon, 1970, p. 292.
2. Entretien télévisé du général de Gaulle avec Michel Droit, 14 décembre 1965, cité par Frédéric Turpin, *De Gaulle, Pompidou et l'Afrique (1958-1974), Décoloniser et coopérer*, Paris, Les Indes savantes, 2010, p. 61.
3. Extrait des Mémoires du général de Gaulle, cité par Olivier Charnoz, Jean-Michel Severino, *L'aide publique au développement*, Paris, 2015, La Découverte, p. 35.
4. Il s'agit de la Communauté française, association politique entre la France et son empire colonial, alors en voie de décolonisation.
5. Fonds Michel Debré, CHEVS, 2DE64, cité in Julien Meimon, *En quête de légitimité. Le ministère de la Coopération (1959-1999)*, Thèse pour le doctorat en science politique, université de Lille II, 15 décembre 2005, p. 19.
6. In François Pacquement (coordonné par), *La passion du développement. 32 ans de Caisse centrale. Mémoires d'André Postel-Vinay*, Paris, AFD, 2019, p. 147.
7. Cité par Pierre Favier, Michel Martin-Roland, *La décennie Mitterrand, 1. Les ruptures*, Paris, Seuil, 1990, p. 339.
8. Bien loin de la Françafrique, en mai 2008, soit un an après la fin de son second mandat, il déclare dans une interview : « On oublie […] une chose : c'est qu'une

grande partie de l'argent qui est dans notre porte-monnaie vient précisément de l'exploitation depuis des siècles de l'Afrique. Pas uniquement, mais beaucoup vient de l'exploitation de l'Afrique. Alors il faut avoir un petit peu de bon sens. Je ne dis pas de générosité mais de bon sens, de justice, pour rendre aux Africains [...] ce qu'on leur a pris ; d'autant que c'est nécessaire si l'on veut éviter les pires convulsions ou difficultés avec les conséquences politiques que ça comporte dans le proche avenir » (https://www.youtube.com/watch?v=KIHFgealnYM).
Mieux vaut tard que jamais.

9. In *Entretien avec un cadre de l'AFD*, université Panthéon-Sorbonne, master 2 Développement et action humanitaire, 2018-2019, p. 19.

10. Le quinquennat d'Emmanuel Macron fait l'objet de la deuxième partie.

11. C'est comme en matière de santé. Chaque corps est unique, ce qui implique une prise en charge particulière.

12. *Entretien avec X*, université Paris 1 Panthéon-Sorbonne, master 2 Développement et action humanitaire, 2020-2021.

2

Les pratiques

La politique de l'offre

Un premier mode opératoire consiste à orienter l'aide en fonction des *desiderata* du donateur, de son influence. Cette première pratique de l'aide, dont on parle peu en général, voire pas du tout, est à notre avis fondamentale pour bien comprendre ce qu'est l'aide publique au développement. C'est également le cas des deux autres pratiques étudiées plus bas.

Il importe, avant de s'arrêter précisément sur la politique de l'offre, de revenir à l'un des présupposés les plus importants du développement : on ne développe pas, on *se* développe. La démarche endogène est indispensable. Après un demi-siècle d'expérience en matière de coopération, Jacques Giri affirme être « persuadé » que le développement « ne se produit que si la société le désire ». L'aide extérieure peut uniquement l'accompagner. « S'il n'en est pas ainsi, elle est inopérante[1]. »

Or, depuis l'invention de l'aide avec le point IV du président Truman, précise Gilbert Rist, le développement n'est plus conçu de manière intransitive (on se développe) mais transitive (on développe quelqu'un, quelque chose) avec les ambiguïtés et les échecs liés à cette mutation[2].

La coopération publique a donc été marquée, dès le départ, par cette erreur d'aiguillage, au demeurant bien volontaire quand on relit le discours d'Harry S. Truman, conscient des retombées du « développement » pour l'économie américaine : « [...] Je crois que nous devrions mettre à la disposition des peuples pacifiques [c'est-à-dire les pays non communistes] les avantages de notre réserve de connaissances techniques afin de les aider à réaliser la vie meilleure à laquelle ils aspirent… Tous les pays, y compris le nôtre, profiteront largement d'un programme constructif qui permettra de mieux utiliser les ressources humaines et naturelles du monde[3]. » Toutes les autres coopérations, dont celle de la France, ont suivi ce modèle.

Historiquement, donc, l'aide ne résulte pas d'une demande de pays tiers mais de l'initiative des pays occidentaux. Elle se confond avec une politique de l'offre.

Ce travers perdure au fil des ans comme le constatent, un demi-siècle après sa création, plusieurs observateurs de l'aide. Selon Pierre Jacquet et Jean-David Naudet, les pays donateurs ont une « tendance marquée à l'approche prescriptive », les intérêts des pays receveurs étant appréhendés « à partir de l'idée que s'en font les donneurs[4] ». Jean-Jacques Gabas abonde dans le même sens en soulignant que le donateur maintient « une relation asymétrique maquillée en "faire ensemble". On ne construit pas ensemble actuellement, on fait à la place de[5] ».

Ces spécialistes de l'aide rejoignent en cela les sages africains qui avaient noté depuis longtemps ce travers de l'aide, comme l'historien burkinabè Joseph Ki Zerbo (« L'Europe croit dialoguer avec l'Afrique ; en réalité, elle n'entend que l'écho tropicalisé de sa propre voix ») ou ce sculpteur subsaharien auteur d'une œuvre représentant deux statues, celle d'un Européen, avec une grande bouche et deux petites oreilles, et celle d'un Africain, avec une petite bouche et deux grandes oreilles.

Certes, les biais de la politique de l'offre ont été pointés en 2005 lors de l'adoption de la Déclaration de Paris sur l'efficacité de l'aide. Selon le point 15 de la Déclaration, « les donneurs s'engagent à respecter le rôle prédominant des pays partenaires et les aider à renforcer leur capacité à exercer ce rôle ». Malgré ces bonnes intentions, force est de constater que l'aide est congénitalement marquée par l'initiative du donneur et qu'elle le reste, bien des années après l'adoption de la Déclaration.

En 2010, le groupe de travail « Efficacité de l'aide » du Groupe de recherche et d'échange technologique (GRET) souligne l'ambiguïté qui entoure le concept même d'appropriation et note : « Dans nombre de cas, les politiques nationales restent largement définies par les bailleurs de fonds[6]. » Quatre années plus tard, Sylviane Guillaumont Jeanneney préconise un changement radical du métier de donneur, qu'elle devine difficile à réaliser : « perdre l'habitude de décider à la place de l'autre de ce qui est pour lui le meilleur[7]. »

On peut facilement supposer que celui qui propose et, de fil en aiguille, décide, le fait avant tout dans son intérêt, en fonction de son influence. « La main qui donne est plus haute que celle qui reçoit ».

Les témoignages relatifs à la politique de l'offre sont légion quand on interroge les acteurs de la coopération. Tel agent de l'AFD indique le mode de fonctionnement de l'Agence dans son domaine, celui de la lutte contre le réchauffement climatique : « On a des agents dans le monde qui sont en lien avec, on va dire nos clients, donc avec les gouvernements, les entreprises qu'on finance, etc. Ils identifient les projets, les projets arrivent ici au siège et dans la direction des opérations, on les instruit[8]. »

Un chargé de projets au sein de France expertise internationale (prédécesseur d'Expertise France) met l'accent de manière directe sur ce qui pourrait bien être *in fine* la justification de la politique de l'offre. Le contexte est celui d'un projet où est impliquée l'Union européenne. A la question : « C'est la Commission qui écrit les projets qu'elle considère finalement comme prioritaires ? », l'interlocuteur répond : « Bah oui, c'est la Commission qui a l'argent[9]. » Qui paye commande.

Face à la reconnaissance universelle de l'appropriation, la politique de l'offre est devenue plus sophistiquée. Si le donateur évite de décider trop ouvertement, il utilise une tactique détournée, tout aussi efficace. Un enquêté conseiller d'un ambassadeur thématique « Zones de crises » évoque ainsi la « finesse de la diplomatie » et précise : « Il s'agit de *suggérer* ce que l'autre va demander[10]. » Cet interlocuteur indique alors : « On préfère orienter ou être force de proposition, c'est-à-dire indiquer clairement quels sont les domaines du possible, sur lesquels on a envie d'aller. [...] Ensuite, le pays émet une demande. [...] C'est à moi, si vous voulez, de faire de la diplomatie pour que la question ne se pose jamais, pour que, quand les ministres se rencontrent, on soit sur des demandes calées[11]. »

Le taux de retour

Une deuxième manière de faire est relative au gain que peut procurer l'aide, principalement sur le plan économique, à travers la part de son montant dépensée en France. Un cadre de l'ambassade de France d'un pays d'Afrique de l'Ouest explique ce qu'est le taux de retour : « Taux de retour, ça veut dire : si je donne 100 d'aide, combien j'ai de marchés ? Si j'ai 100 d'aide et 80 de marchés pour les entreprises françaises, j'ai un taux de retour de 80[12]. » Ce nombre n'est sûrement pas donné au hasard. Il suffit, pour s'en convaincre, de citer cet article de la *Revue de Défense nationale* de 1970 : « Les études les plus sérieuses estiment que 80 % des sommes affectées à l'aide au Tiers monde reviennent dans le pays donateur sous forme de salaires, de commandes passées à ses entreprises, de réinvestissements d'économies personnelles et de bénéfices d'entreprises », article signé Yvon Bourges, alors secrétaire d'État aux Affaires étrangères chargé de la Coopération[13].

Cette proportion s'est plus ou moins maintenue au fil des ans. En 1983, le rapport de la Société d'études pour le développement économique et social (SEDES), publié par le ministère des Relations extérieures, fait le point sur le taux de retour. Il distingue celui de l'aide bilatérale (assistance technique, dons, prêts du Trésor) qui s'élève à 70 % et celui de l'aide multilatérale (Fonds européen de développement, Banque mondiale, Banques régionales, Institutions de l'ONU) qui est de 91,8 %[14]. La même année, une note du Service de coopération économique du ministère des Affaires étrangères donne une ventilation plus précise : le taux de retour (« contrats donnés à des entreprises françaises, prestations fournies par des experts français ») est de 90 % pour le Fonds européen de développement, 144 % pour la Banque mondiale, 153 % pour le Programme des Nations unies pour le développement[15].

De manière plus générale, les archives disponibles[16] évoquent la notion de retour dans des termes fort illustratifs : « notre part », « récupération de la mise », « ce que rapporte une contribution donnée », « part rapatriable » et même « juste retour ». Manifestement, aider n'est pas donner.

S'ils qualifient le retour, ces documents ne proposent pas pour autant une analyse du phénomène. Une archive consacrée au bilan de l'aide dans les États d'Afrique francophone durant la période 1964-1968, classée « confidentiel », est ici particulièrement précieuse. Non seulement ce texte donne une définition explicite du retour de l'aide mais il va au-delà en définissant l'aide elle-même : « Les considérations qui viennent d'être développées indiquent, sans nul doute possible, que la coopération avec les États africains et malgache a été bénéfique à la France. Il faut y ajouter que, sous une forme ou sous une autre, et dans des délais plus ou moins rapides, les moyens monétaires mis à la disposition des États au titre de l'aide, reviennent en grande partie en France. [...] Qu'il s'agisse des traitements des agents de coopération technique – en partie conservés en France et en partie utilisés dans les États mais souvent en acquisition de biens importés –, qu'il s'agisse d'aides en capital – entraînant localement des importations corrélatives de biens d'équipement ou la transformation d'une partie du pouvoir d'achat distribué en consommation de biens importés –, qu'il s'agisse même d'aide intellectuelle – dont la mobilisation s'effectue souvent en France –, les flux en retour, à destination de la France, sont considérables. [...] Aussi peut-on considérer, en se limitant à ces seuls éléments, que l'aide française présenterait davantage, pour l'économie française, l'aspect d'un manque à gagner plutôt que celui d'une perte véritable. Mais ce manque à gagner, lui-même, lorsqu'on le rapproche des avantages recensés plus haut dans les domaines commerciaux, financiers et monétaires, prend alors un aspect qui l'apparente singulièrement à un profit et qui permet d'avancer que, dans la politique de coopération qu'elle mène, la France n'est pas perdante[17]. » Cet extrait représente sans nul doute une invitation à inverser le regard habituellement porté sur l'aide en envisageant moins ce que le donateur donne que ce qu'il garde ou reçoit.

On pourra toujours objecter que ces archives – par nature – sont datées. Je suis convaincu que la continuité l'emporte en la matière. L'administration est comme un super tanker qui file droit et met beaucoup de temps pour effectuer un virage, si tant est qu'elle veuille le faire. Il n'est qu'à observer les grandes masses du budget de l'APD qui sont, en temps normal, quasiment renouvelées à l'identique année après année. Et si l'on voulait confirmer l'actualité du taux de retour, il suffirait de citer quelques entretiens beaucoup plus récents avec des acteurs de l'aide tel cet agent de l'AFD qui annonce « un retour de 100 % de l'aide française au Cambodge en 2013 » ou cet officier supérieur pour qui les actions civilo-militaires permettent « de favoriser la pénétration des capitaux français, notamment lors des phases de post-conflit », ce qu'il qualifie de « retour économique sur investissement militaire[18] ».

De la même façon, on pourrait souligner qu'historiquement la part d'aide liée était importante, ce qui pouvait expliquer – et justifier – un fort taux de retour. Remarquons alors que la forte progression de l'aide déliée n'empêche pas un retour conséquent… voire plus important !

L'aide déliée

Au moment de la création de la coopération, l'aide liée est la règle. Les décideurs de l'aide éprouvent à son égard une attirance « naturelle » car elle est pourvoyeuse d'un retour automatique, l'aide liée étant conditionnée à l'obligation d'achats dans le pays donateur.

Peu à peu cependant, l'idée du déliement s'installe et prend de l'ampleur. L'argument mis en avant en faveur de l'aide déliée est qu'elle permet de réduire le coût des projets de 20 à 40 % en n'obligeant pas le bénéficiaire à se fournir dans un pays qui n'est pas forcément le plus compétitif. Progressivement, presque toute l'aide devient déliée.

Avec plus de 90 % d'aide déliée, la France a l'un des taux les plus élevés. Précisons tout de même que si les frais d'écolage étaient considérés comme liés – ce que fait la majorité des autres pays du Comité d'aide au développement (CAD) – le taux de déliement de l'aide française passerait à 78 %[19]. L'aide liée de la France équivaut au Fonds d'études et d'aide au secteur privé (FASEP), à la Réserve pays émergents et à une partie de la coopération technique du ministère des Affaires étrangères, ce qui se résume à une petite partie de l'aide bilatérale. L'aide multilatérale, quant à elle, est déliée, sauf l'aide multilatérale européenne qui est réservée aux entreprises européennes.

Si le déliement a obtenu autant de succès, notamment en ce qui concerne l'aide française, il y a fort à parier que ce n'est pas particulièrement en raison de l'argument avancé ci-dessus. Un interviewé le dit à mots couverts, au sujet de l'aide multilatérale : « L'aide déliée pour la coopération multilatérale c'est une chose, quand on y regarde de plus près, c'est une autre affaire…[20] »

Certes, des entreprises françaises peuvent, grâce à leur qualité et leur compétitivité, être préférées à leurs concurrentes. Il semble toutefois que l'option pour le déliement s'explique pour une raison plus politique qu'économique. Une entreprise française aura plus de chance de s'imposer en terrain conquis : étant donné le rôle historique de la France en matière de coopération, de son implantation dans certains pays en développement et de sa proximité avec les dirigeants de ces pays, il est tentant de profiter d'une manne à portée de main, le déliement général permettant d'accéder aux aides des autres donateurs.

Un rapport de l'Inspection générale des Finances de mars 2012 confirme cette seconde hypothèse : « Un fort déliement n'empêche pas d'avoir un bon taux de retour[21]. » L'explication en est donnée quelques années plus tôt par le secrétaire d'État chargé de la Coopération Alain Joyandet précisant, à la suite d'une rencontre organisée avec des diplomates et des chefs d'entreprise, que l'aide française allait rester déliée car « après étude, les sociétés tricolores profitent plus de l'argent des "autres" que les "autres" de l'aide française[22] ».

Si, à l'heure de la mutualisation de plus en plus importante de l'aide, les avantages du déliement semblent appréciés pour l'ensemble de l'aide, ils l'ont été beaucoup plus tôt en ce qui concerne l'aide multilatérale. Cette dernière n'a cessé d'augmenter, passant de 3,3 % de l'aide totale en 1963 à 14 % en 1974, 22 % en 1990 et 43 % en 2015. Il est intéressant ici de noter avec le sénateur Jean-Claude Requier que la part de l'aide multilatérale dans l'aide ne dépasse pas 20 % chez d'aussi grands donateurs que les États-Unis, l'Allemagne ou le Japon alors qu'au Royaume-Uni et en France, elle en représente environ le double[23]. Cela est certainement à relier à l'histoire coloniale de ces deux pays.

Un agent d'Expertise France donne un exemple de cette stratégie en matière de santé : « On récupère l'aide qui est mise dans des pots communs. [...] Généralement, ça se fait dans une logique déliée et concurrentielle, ouverte à d'autres, mais il y a les réalités. Dans le secteur de la santé spécifiquement, il y a une politique française où on met vraiment tout sur le multi[24]. »

Dans le même esprit, un de ses collègues de l'AFD explique la raison pour laquelle la France est l'un des plus importants contributeurs du Fonds européen de développement (FED) : « C'est pour l'effet de levier. Cela permet d'augmenter le nombre des acteurs participant à l'aide. Pour chaque euro investi, la France bénéficie d'une contribution de tous en plus ; et en tant que gros contributeur du FED, elle peut orienter l'aide vers les territoires qui l'intéressent. Concrètement, elle oriente des financements qu'elle n'est pas capable d'apporter seule. [...] En donnant avec le FED, on arrive à mobiliser d'autres acteurs. C'est vraiment ça l'intérêt. C'est ce qui permet d'avoir plus de poids[25]. » Bref, l'aide reste avant tout dans une logique d'influence.

Notes

1. Jacques Giri, *Du Tiers monde aux mondes émergents. Un demi-siècle d'aide au développement*, Paris, Karthala, 2012, p. 196.
2. Gilbert Rist, *Le développement. Histoire d'une croyance occidentale*, Paris, Presses de sciences po, 2e édition, 2001, p. 122.
3. Cité in *ibid.*, p.p. 118, 119.
4. Pierre Jacquet, Jean-David Naudet, « Les fondements de l'aide », in Conseil d'analyse économique, *La France et l'aide publique au développement*, Paris, La documentation française, 2006, p. 62.
5. Jean-Jacques Gabas, *Nord-Sud : l'impossible coopération ?* Paris, Presses de sciences po, 2002, p. 17.
6. In Christian Castellanet, Guilhem Arnal (coordination), *L'aide publique au développement : Quelles justifications ?* GRET, Coordination Sud, collection débats et controverses, n° 3, juillet 2010, p. 4.
7. Sylviane Guillaumont Jeanneney, « La politique d'aide au développement. Du rapport Jeanneney à la situation présente », *Commentaire*, n° 145, printemps 2014, p. 96.
8. In *Le verdissement de la coopération internationale : la contribution de l'Agence française de développement à la lutte contre le réchauffement climatique*, université Paris 1 Panthéon-Sorbonne, master 2 Coopération internationale, action humanitaire et politiques de développement, 2013-2014, p. 19.

9. In *FEI. France Expertise Internationale*, université Paris 1 Panthéon-Sorbonne, master 2 Coopération internationale, action humanitaire et politiques de développement, 2014-2015, p. 82.
10. In Marie Laurent, *Les ONG face aux conditionnalités des bailleurs de fonds institutionnels*, mémoire, université Paris 1 Panthéon-Sorbonne, master 2 Coopération internationale, action humanitaire et politiques de développement, p. 174.
11. In *L'aide publique au développement au sein du ministère de l'Éducation nationale*, université Paris 1 Panthéon-Sorbonne, master 2 Coopération internationale, action humanitaire et politiques de développement, 2013-2014, p.p. 55, 56.
12. In *Le C2D dans la coopération entre la France et le Cameroun*, université Paris 1 Panthéon-Sorbonne, master 2 Études africaines, 2017-2018, p. 13.
13. Yvon Bourges, « La coopération franco-africaine et malgache », *Revue de Défense nationale*, mai 1970, p. 721.
14. Ministère des Relations extérieures, Coopération et développement, Impact de l'aide publique au développement sur l'économie française, *Études et documents*, n° 51, mai 1983, p.p. 77 et 103.
15. Ministère des Affaires étrangères, Service de coopération économique, Direction des Affaires économiques et financières, Note pour le secrétaire général, A.S. Réflexions sur l'aide multilatérale française, 6 décembre 1983, Archives diplomatiques, La Courneuve, Carton 2134.
16. Archives diplomatiques de La Courneuve, archives nationales de Pierrefitte-sur-Seine.
17. Secrétariat d'État aux Affaires étrangères, L'aide aux États africains francophones et à Madagascar. Bilan de la période 1964-1968. Confidentiel, Bibliothèque de

documentation internationale contemporaine, Nanterre, Q 14490/1, p.p. 24, 25.

18. Respectivement in *L'aide publique au développement française au Cambodge*, université Paris 1 Panthéon-Sorbonne, master 2 Coopération internationale, action humanitaire et politiques de développement, 2014-2015, p. 10 et in *La coopération militaire française en Côte d'Ivoire (1960-2013)*, université Paris 1 Panthéon-Sorbonne, master 2 Études africaines, 2013-2014, p. 25.

19. Rapport de l'Inspection générale des Finances, *L'aide publique au développement française et les pays émergents*, confidentiel, synthèse, mars 2012, p. 2.

20. In *Le GIP Esther*, université Paris 1 Panthéon-Sorbonne, master 2 Coopération internationale, action humanitaire et politiques de développement, 2014-2015, p. 31.

21. Rapport de l'Inspection générale des Finances, *L'aide publique au développement française et les pays émergents, op. cit.*, p. 2.

22. *La Lettre du Continent*, 30 octobre 2008.

23. Cf. Yvon Collin, Jean-Claude Requier, Rapport spécial, Aide publique au développement, Projet loi de finances pour 2019, Sénat, Commission des Finances, p. 48.

24. In *Expertise France : renouveau de la coopération technique française ?*, université Paris 1 Panthéon-Sorbonne, master 2 Coopération internationale, action humanitaire et politiques de développement, 2015-2016, p.p. 30, 31.

25. In *Et si la France bénéficiait de l'aide publique au développement ? Le cas de Wallis-et-Futuna*, université Paris 1 Panthéon-Sorbonne, master 2 Études africaines, 2016-2017, p.p. 55, 56.

3

Les chiffres et les secteurs

Le mystère des chiffres

Mettre en rapport les chiffres de l'aide et la dimension « solidarité » de cette dernière s'apparente à démonter un jeu de poupées russes : il s'agit d'atteindre la plus petite *matriochka*.

Selon les rapports de la mission Aide publique au développement sur le projet de loi de finances pour 2021, qui constitueront ici notre référence, l'APD française s'est élevée à quasiment **11 milliards d'euros** en 2019[1]. [L'emploi du gras pour les nombres indiqués dans ce paragraphe permet d'illustrer l'effet « poupées russes »]

Sur cette somme, le montant de la mission Aide publique au développement, qui constitue notre cible comme son nom l'indique, est d'environ **3 milliards d'euros**.

Il s'agit là d'une première curiosité – par référence au titre de ce point – concernant les chiffres de l'aide. En d'autres termes, en 2019, plus de 7 milliards d'euros n'ont pas été discutés par le Parlement, signe manifeste de la fameuse opacité régulièrement dénoncée. Déjà, en 1990, le député Alain Vivien s'étonnait de cette lacune du contrôle démocratique : « Ces crédits immenses [...] sont adoptés sans commentaires ni questions, d'année en année, par les majorités parlementaires successives[2]. » La question est toujours d'actualité.

Ce trou noir de l'aide renvoie à plusieurs ministères, avant tout celui de l'Économie qui octroie d'importants prêts. Le cas des ministères techniques (Enseignement supérieur, Agriculture, Écologie…), qui n'ont qu'un rapport lointain avec l'aide au développement, est différent. Le sujet même de l'APD devient dans le meilleur des cas périphérique, au pire inexistant, l'émiettement administratif renvoyant à une logique de spécialisation et de « territoire » propre à chaque ministère. Tel enquêté du ministère de la Culture [qui distribuait alors de l'aide] à qui l'on demandait le montant du budget alloué aux programmes d'APD dans son administration répondit : « Mais nous, si vous voulez, on ne sait pas du tout pour cette aide publique au développement. Effectivement, on en fait partie sans le savoir[3]. »

Revenons à la mission Aide publique au développement et plus particulièrement à ce qui est clairement affecté à la solidarité. Une fois de plus, nous partons du principe – ce qui semble être le minimum – que les mots ont un sens. La mission APD est constituée de deux programmes, le 110 et le 209. Le 110, qui relève du ministère de l'Économie, s'intitule : « Aide économique et financière au développement ». Le 209 a pour titre « Solidarité à l'égard des pays en développement » ; il sera, comme son nom l'indique, au centre de nos préoccupations. Il est doté d'environ **2 milliards d'euros**.

Dans le programme 209, le seul instrument comportant le mot « solidarité » est le Fonds de solidarité pour les projets innovants, les sociétés civiles, la francophonie et le développement humain (FSPI), successeur, depuis 2016, du Fonds de solidarité prioritaire (FSP). Il est doté, pour le projet de loi de finances 2021, de **70 millions d'euros**. Le FSP était présenté par le ministère des Affaires étrangères comme un « instrument privilégié […] de lutte contre la pauvreté […] [notamment] par l'effet des projets sur les plus démunis[4] ». Une évaluation du FSP a été réalisée en 2014 par la société de conseil SOFRECO pour le ministère des Affaires étrangères[5]. Elle permet d'établir que même cet instrument est loin d'être entièrement consacré à la lutte contre la pauvreté.

L'étude de la SOFRECO révèle tout d'abord que le caractère prioritaire est pour le moins à relativiser : l'existence même du FSP se conjugue avec une baisse considérable et quasi constante de ses crédits. Au fil des ans, la part du FSP dans la mission APD devient dérisoire (une trentaine de millions d'euros en 2016). Dans l'avis qu'il rédige sur la mission APD cette année-là, le député Jean-Claude Guibal souligne que le FSP ne représente dorénavant que moins de 1 % de la mission aide publique au développement.

L'observation de la répartition sectorielle du FSP montre que les secteurs en rapport avec l'influence se taillent la part du lion. C'est le cas du français et de l'enseignement supérieur qui s'y rattache (23 %), de la recherche dans la mesure où les projets de ce secteur sont conçus par le ministère à Paris (14 %), de la gouvernance et des thématiques voisines du renforcement de l'État, de la justice et de la sécurité, en référence au modèle de l'État de droit français (27 %). En fait, seuls les crédits déconcentrés/fonds social de développement (CD/FSD) paraissent s'approcher vraiment de la solidarité.

Les CD/FSD ont mobilisé 186 millions d'euros de 2000 à 2013 (sur 1 480 millions d'euros pour l'ensemble du FSP durant la même période), les pays pauvres prioritaires recevant 81 millions, soit 44 % des montants alloués, ce qui relativise pour le moins l'image du FSD présenté comme un outil plus particulièrement tourné vers la lutte contre la pauvreté.

Et pourtant, l'évaluation SOFRECO montre que lorsque tous les facteurs sont réunis (volonté de l'ambassadeur, crédits suffisants, engagement du volontaire international (VI) dédié au projet), les CD/FSD sont utilisés à bon escient, comme l'accès à l'eau potable, la lutte contre les mutilations génitales, l'appui à la création d'un dispensaire, le financement de matériel de pêche, la formation professionnelle pour les handicapés, etc.

Les préoccupations sociales semblent toutefois ne pas avoir été l'unique motivation des responsables des CD/FSD comme l'indique ce VI ayant été en poste au Burundi : « L'outil [CD/FSD] est souvent utilisé pour privilégier certaines relations. En comité de décision, malgré l'étude technique, les choix étaient parfois faits en fonction du titre du maître d'œuvre, priorité était donnée aux anciens ministres, ambassadeurs [...] qui étaient financés plusieurs fois de suite alors que des structures qui n'étaient pas portées par des personnalités ne recevaient rien ». Il cite l'exemple suivant : « Le poste a préféré financer un projet du ministère de la jeunesse et des sports qui n'était rien d'autre qu'un tournoi intercommunal de football mettant en valeur le Président burundais [...] en short sur la pelouse devant les caméras, tandis qu'un autre projet visant la sécurité et l'émancipation des albinos qui se font tuer et vendre en pièces détachées à des marabouts tanzaniens a été rejeté[6]. »

Dans le même sens, un expert qui a travaillé sur les CD/FSD révèle qu'ils ont pu servir à tout autre chose que ce pour quoi ils ont été créés : « Le FSD, dans l'imagerie populaire entre guillemets, c'est la générosité de la France, c'est le soutien aux micro-projets. [...] Le FSD, c'est le bien-être des populations, des projets issus de la société civile, etc. C'est très bien. [...] Or, en ce moment, je critique fortement le FSD car il est dirigé par nos ambassadeurs comme un outil de relations publiques, certains d'entre eux l'ont dit très clairement : "Le FSD, c'est bien parce que ça me permet de faire beaucoup d'inaugurations". Alors maintenant, est-ce que c'est vraiment efficace pour les populations ?[7] »

Ce témoignage éclaire deux des points faibles des CD/FSD signalés par des VI dans l'enquête SOFRECO : « Décision à la discrétion de l'ambassadeur », « Décision à huis clos »[8].

Bien sûr, nous n'ignorons pas que des programmes non estampillés « solidarité » peuvent financer de la solidarité tels que l'appui aux initiatives des ONG (même si le financement prévu, une centaine de millions, est faible, loin de la moyenne de l'OCDE) ou les dons-projets de l'AFD (même si, bien qu'étant mieux pourvus financièrement, ils sont loin de ne financer que des projets de lutte contre la pauvreté).

De même, il existe dans le programme 209 des crédits multilatéraux destinés à certaines institutions des Nations Unies. Ils peuvent bien entendu œuvrer à des actions de solidarité. Notons toutefois que dans la présentation qui en est faite dans le Document de politique transversale - projet de loi de finances pour 2021, il est précisé que ces crédits « sont dédiés à la promotion des positions françaises au sein des organisations internationales compétentes en matière de développement[9] », ce qui renvoie pour le moins à un objectif d'influence.

Concernant enfin les crédits du programme 209 affectés à la coopération communautaire, on remarquera que les ressources du 10e Fonds européen de développement (FED) ont été avant tout consacrées au soutien à la croissance (dont les infrastructures) et la gouvernance, respectivement 28 % et 13 %, alors que la santé et l'éducation n'ont recueilli que 3 % et 2 %[10].

On ne saurait terminer ce point sans mentionner le Fonds de solidarité pour le développement, traité ici à part dans la mesure où il s'agit d'un fonds extrabudgétaire alimenté par la taxe de solidarité sur les billets d'avion et d'une part du produit de la taxe sur les transactions financières. Si le FSD a pour but de financer des dépenses en matière de santé et d'environnement, ces dernières comportent des retombées certaines pour les entreprises françaises dans ces deux domaines[11].

Les choix sectoriels

Traiter des divers secteurs qui composent l'aide publique au développement suppose quelques éclaircissements. Tout le monde n'est pas d'accord sur ce qui est censé faire partie de l'aide.

Dans une étude remarquable publiée en 2005, la fédération d'ONG Coordination Sud pointe un certain nombre de secteurs qu'elle estime ne pas devoir relever de l'APD : l'Outre-mer français, l'annulation de dettes, les dépenses d'écolage et celles affectées à l'accueil des réfugiés en France[12].

Le cas de l'Outre-mer français semble évident : il s'agit d'aide de la France à la France. Les annulations de dette représentent quant à elles des fonds qui sont loin de n'avoir profité qu'aux populations des pays concernés. Les dépenses d'écolage et celles relevant de l'accueil des réfugiés enfin ne quittent pas la France.

Coordination Sud estime que les quatre postes envisagés relèvent d'« artifices comptables ». Il s'agit en d'autres termes de coopération morte, qui ne suppose pas de transfert effectif pour des opérations de développement. La fédération d'ONG propose d'exclure de telles dépenses « artificielles » de l'APD officielle. L'APD « réelle » est bien moindre que celle qui est déclarée au CAD. Coordination Sud chiffre ainsi, pour 2005, l'APD officielle à 8 093 millions d'euros et l'APD réelle à 4 146 millions d'euros, soit un petit peu plus de la moitié de l'aide.

La fédération d'ONG précise que l'aide réelle correspond « aux financements qui constituent un transfert de ressources réellement disponibles pour le développement et la solidarité internationale ». Dans la même veine, l'OCDE propose la notion d'aide « programmable », « c'est-à-dire qui exclut les aides "non programmables" : annulations et rééchelonnements de dettes, aide humanitaire et aide alimentaire d'urgence, sensibilisation au développement, contributions au budget central des ONG locales, nationales, internationales, subventions aux exportations, subventions aux universités et autres frais dont l'intégration dans l'APD est critiquée – frais d'écolage et frais d'accueil des réfugiés »[13]. En 2012, l'OCDE estimait que sur les 10 milliards d'euros comptabilisés au titre de l'APD française, seuls 4 milliards correspondaient à des crédits effectivement programmables[14].

Les notions d'« aide réelle » et d'« aide programmable » n'épuisent cependant pas le sujet. Les dérives de l'utilisation de l'aide sont légion : la francophonie (un expert du FSP estime qu'il s'agit là manifestement d'influence ; on s'étonnera par ailleurs de constater que les Alliances françaises figurent dans l'action « Aide en faveur du développement et éradication de la pauvreté » du programme 209) ; certaines bourses (notamment lorsqu'elles sont accordées à des étudiants chinois dont le pays est la deuxième puissance économique mondiale) ; la défense (un ancien haut responsable de la coopération m'a confié que de l'APD a servi à financer des soldats de l'opération Serval) ; la sécurité nucléaire (le Fonds du sarcophage de Tchernobyl a été comptabilisé en APD) ; les vingt-sept instituts français de recherche en sciences humaines et sociales à l'étranger ou les cent cinquante missions archéologiques à l'étranger ; le programme « Jeunes experts associés » qui figure lui aussi dans le programme 209 et qui est un pur instrument d'influence du ministère des Affaires étrangères (on peine à distinguer la « solidarité avec les pays en développement » – intitulé du programme 209 – dans cet instrument qui contribue à la sur-représentation des Français au sein des organisations internationales, au détriment des ressortissants des pays en développement !), etc.

On pourrait continuer longtemps cette énumération qui s'apparente à un inventaire à la Prévert : recherche des vestiges de la mission La Pérouse[15], rénovation intérieure de l'avion du président Omar Bongo[16], financement d'une partie du sacre de l'empereur Bokassa[17], aide budgétaire exceptionnelle pour la veuve du président rwandais après le génocide de 1994[18], mais aussi entretien du télécopieur d'une mission de coopération, remplacement du mobilier de bureau et du salon d'un chef de mission, randonnée de découverte des lacs de la région de Lambaréné en kayak[19], etc.

Tout ce qui précède n'est pas qu'anecdotique. Cela montre le peu d'égard vis-à-vis de l'aide publique au développement. Elle n'est pas prise au sérieux, servant à l'occasion de bouche-trou ou de variable d'ajustement.

Il reste à s'interroger sur les grandes orientations sectorielles de l'aide et l'importance accordée aux secteurs qui font le plus sens en matière de solidarité.

Parmi les grands secteurs privilégiés par l'aide apparaît tout d'abord, historiquement, le soutien à la croissance (infrastructures, commerce, secteur productif). C'est l'une des conséquences du pacte colonial, un régime d'échange imposé par les pays européens à leurs colonies selon lequel la colonie ne pouvait importer que des produits provenant de la métropole et n'exporter que vers celle-ci.

Corrélativement, la métropole investissait dans la « mise en valeur » des matières premières venant des possessions outre-mer ainsi que dans les infrastructures destinées à faciliter leur exportation.

Avec les indépendances, l'appui à la formation s'accroît, tout d'abord à travers la simple substitution par l'intermédiaire des coopérants puis sous forme d'expertise. Le secteur le plus concerné est l'éducation ainsi que, de plus en plus, le domaine institutionnel avec l'appui à la gouvernance.

Plus récemment, épousant les grandes évolutions du moment, l'aide s'est dirigée vers le développement durable (climat, environnement, énergie, eau, assainissement), la santé (programmes de vaccination, lutte contre le sida) mais aussi la sécurité (menaces terroristes, piraterie) et la lutte contre l'immigration clandestine.

Si l'on s'interroge sur les secteurs sociaux qui sont le plus liés à la lutte contre la pauvreté – objet principal de l'aide, rappelons-le, selon tous les grands textes – le bilan pose problème. Les deux secteurs les plus concernés sont l'éducation et la santé. Or, les fonds correspondants ont difficilement atteint les plus démunis.

Dans un article de 2007, Philippe Hugon affirme que si la France déclare lutter contre la pauvreté, seulement 5,5 % de l'APD française, en 2005, était consacré à l'éducation de base, aux soins de santé et à la nutrition. La plupart des aides, remarque-t-il, vont aux niveaux supérieurs d'éducation ou de santé. Il cite l'exemple de la santé en Afrique dont plus de 50 % des fonds sont destinés aux hôpitaux, plus particulièrement sous forme d'assistance technique[20].

Une dizaine d'années plus tard, la situation ne s'améliore guère, comme l'indique le député Philippe Baumel dans un rapport consacré à l'Afrique francophone.

L'éducation de base, observe-t-il, ne reçoit que le dixième de ce que la France déclare consacrer à l'éducation ; au sujet de la santé, il rapporte les propos de Dominique Kerouedan concernant l'absence d'efficacité de la politique d'aide de la France en la matière, plus particulièrement concernant la mortalité maternelle et infantile[21].

Un tableau de l'OCDE, publié à l'occasion de l'examen de la politique française de coopération par les pairs en 2018, confirme ce constat. Sur la période 2011-2016, l'éducation de base ne représente que 1 % de l'aide bilatérale française, la santé de base, de 0 à 2 %[22].

Au total, les chiffres de l'aide montrent une importante déperdition concernant la solidarité. Tibor Mende, en son temps, avait comparé l'aide à un artichaut : « L'aide étrangère ressemble à un artichaut. Quand il est en fleur, il est assez plaisant dans sa forme et sa couleur. Avec le temps, il devient une plante piquante dont une partie seulement est mangeable[23]. » Nous proposons, en ce qui nous concerne, d'effeuiller la marguerite de l'aide, ôtant un à un les pétales de l'aide artificielle : je t'aide un peu, beaucoup, passionnément, à la folie...

Notes

1. 10 940 millions d'euros précisément. Voir Marc Le Fur, Rapport spécial, Aide publique au développement, Projet loi de finances pour 2021, Assemblée nationale, Commission des Finances, de l'Économie générale et du Contrôle budgétaire.
2. Alain Vivien, *Rapport au Premier ministre sur la rénovation de la Coopération*, Paris, juin 1990, p. 10.
3. In *Les logiques de l'APD du ministère de la Culture et de la Communication*, université Paris 1 Panthéon-Sorbonne, master 2 Coopération internationale, action

humanitaire et politiques de développement, 2013-2014, p. 37.

4. Projet annuel de performance, Mission Aide publique au développement, Programme 209, Projet de loi de finances pour 2015, p. 15.

5. Ministère des Affaires étrangères et européennes, Direction générale de la mondialisation, du développement et des partenariats, *Évaluation de l'Instrument « Fonds de solidarité prioritaire », Rapport final*, Christian Dessallien, Jean-Luc Perramant, SOFRECO, février 2014.

6. *Ibid.*, p. 381.

7. In Philippe Henry, *Un mécanisme de l'aide publique au développement : le Fonds de solidarité prioritaire (FSP). Une réflexion sur les enjeux et les limites du FSP*, mémoire, université Paris 1 Panthéon-Sorbonne, master 2 Coopération internationale, action humanitaire et politiques de développement, 2014, p. 85.

8. Ministère des Affaires étrangères et européennes, Direction générale de la mondialisation, du développement et des partenariats, *Évaluation de l'Instrument « Fonds de solidarité prioritaire », Rapport final*, op. cit., p. 386.

9. Document de politique transversale, projet de loi de finances pour 2021, Politique française en faveur du développement, p. 61.

10. Cf. Ernst et Young, Ministère des Affaires étrangères et du Développement international, *Évaluation de la contribution de la France au Fonds européen de développement, rapport final*, juin 2014, p. 71.

11. Nous ne saurions passer sous silence la forte augmentation des crédits de la mission APD dans le projet de loi de finances pour 2022 et ceux qui sont prévus pour les années suivantes. Nous évoquons cette question plus loin, dans la troisième partie.

12. Coordination Sud, *L'APD française et la politique de coopération au développement : état des lieux, analyses et propositions*, novembre 2005.
13. In ministère des Affaires étrangères, ministère de l'Économie et des Finances, Agence française de développement, *Bilan évaluatif de la politique française de coopération au développement entre 1998 et 2010, rapport d'annexes n° 1* : *Bilan,* Évaluation, Ernst et Young, décembre 2012, p. 59.
14. In ministère des Affaires étrangères, ministère de l'Économie et des Finances, Agence française de développement, *Bilan évaluatif de la politique française de coopération au développement entre 1998 et 2010, rapport d'annexes n° 2* : Évaluation, Ernst et Young, décembre 2012, p. 61.
15. M. Rognon, in *Mondes et cultures*, Compte rendu annuel des travaux de l'Académie des sciences d'Outre-mer, Tome LXVI, 2006, volume 1, p. 452.
16. Cf. *La gestion de l'aide publique au développement par le ministère des Affaires étrangères et européennes*, université Paris 1 Panthéon-Sorbonne, master Coopération internationale, action humanitaire et politiques de développement, 2013-2014, p. 46.
17. Cf. D. Bach, cité par Claude Wauthier, *Quatre présidents et l'Afrique. De Gaulle, Pompidou, Giscard d'Estaing, Mitterrand*, Paris, Seuil, 1995, p. 417.
18. Cf. François-Xavier Verschave, *Complicité de génocide ? La politique de la France au Rwanda*, Paris, La Découverte, 1994, p.p. 113, 114.
19. Cf. Rapport public de la Cour des comptes 1996, in Philippe Marchesin, « L'aide publique au développement en 1997 », *Observatoire permanent de la Coopération française 1997*, Paris, Karthala, p. 22.

20. Philippe Hugon, « La politique économique de la France en Afrique. La fin des rentes coloniales ? », *Politique africaine*, 2007/1, n° 105, p. 61.
21. Philippe Baumel, La stabilité et le développement de l'Afrique francophone, rapport d'information n° 2746, Assemblée nationale, 6 mai 2015, p.p. 123, 122.
22. OCDE, Examens de l'OCDE sur la coopération pour le développement : France 2018, Paris, Éditions OCDE, 2018, p. 212.
23. Tibor Mende, *De l'aide à la recolonisation : les leçons d'un échec*, Le Seuil, 1972, p. 67

DEUXIÈME PARTIE

Le diable se cache dans les détails

« Je lui mettrais 18/20 en dissertation mais pas la moyenne en contrôle continu. […] Ses propos sont parfaits, mais son problème est celui de la mise en pratique[1]. » C'est ainsi que le professeur Bertrand Badie évalue Emmanuel Macron au sujet du multilatéralisme ou de l'Europe ; nous pouvons étendre sa remarque à l'aide publique au développement.

Dans la première partie, nous avons présenté les tendances structurelles de l'APD depuis sa création. Il convient maintenant de s'arrêter sur son évolution sous la présidence d'Emmanuel Macron.

Lorsqu'il accède au pouvoir, en mai 2017, l'actuel président découvre l'aide telle que nous l'avons décrite. À chaque fois que l'occasion lui sera donnée, avant tout lors de diverses prises de parole, le président va préciser sa vision.

Si le discours est séduisant, le passage à l'action pose problème. On peine à vérifier sur le terrain les engagements présidentiels, tout particulièrement en matière de lutte contre la pauvreté.

Par ailleurs, sous un habillage apparemment rassurant, les dernières tendances observées sur le sujet, notamment lors du débat parlementaire relatif à la nouvelle loi de programmation consacrée au développement solidaire et à la lutte contre les inégalités mondiales ou à l'occasion du sommet Afrique-France de Montpellier, laissent pour le moins à désirer, ne réglant pas le problème à la racine. L'avancée intéressante sur le plan conceptuel que représente l'adoption d'un nouveau paradigme en matière d'aide publique au développement aboutit finalement à une impasse, faute de réelle application.

Note

1. *Le Monde*, 26 octobre 2018.

1

La rhétorique

Le discours de Ouagadougou

Emmanuel Macron expose sa vision de l'Afrique et de l'aide au développement lors du discours fondateur prononcé le 28 novembre 2017 dans la capitale burkinabè. Il met en avant un certain nombre de traits censés représenter ses atouts : sa jeunesse, son allant, sa maîtrise du verbe. Devant un public d'étudiants réputés frondeurs, il se montre séducteur ; son propos retient l'attention. Il rend hommage à Thomas Sankara, reconnaît les « crimes » de la colonisation européenne, promet aux diplômés des visas de circulation de plus longue durée, s'engage à la restitution d'une partie du patrimoine africain… et va même jusqu'à déclarer : « Il n'y a plus de politique africaine de la France », ce qui provoquera le commentaire suivant d'un fonctionnaire du Quai d'Orsay interviewé quelque temps après : « A ce moment-là, on s'est dit qu'on était tous virés », ajoutant cependant immédiatement : « Et puis ensuite il a décliné sa politique africaine qui n'existe pas[1]. »

Manifestement, le président de la République a souhaité, à travers cette « phrase choc », insister sur la banalisation de la politique africaine de la France. Il n'y a plus de spécificité africaine. Certes, il existe une politique africaine, mais comme existent d'autres politiques avec d'autres régions du monde. Certains observateurs précisent qu'Emmanuel Macron a ainsi voulu signifier que la Françafrique – sans prononcer le mot – a disparu.

Poursuivant son offensive de charme, il affirme que la France sera « au rendez-vous » du défi du développement et annonce un engagement de plus d'un milliard d'euros de l'Agence française de développement et de la Banque publique d'investissement pour appuyer les petites et moyennes entreprises africaines ainsi que la création d'un fonds doté de 300 millions d'euros pour le soutien à des projets d'infrastructures en Afrique.

Corrélativement, il déclare que la France sera « à la hauteur » en matière d'aide publique au développement. Outre la réitération de la promesse d'une augmentation conséquente de l'aide publique au développement qui doit passer à 0,55 % du revenu national brut en fin de mandat, il insiste à plusieurs reprises sur la nécessité que cet argent aille « sur le terrain » et soit adressé à « ceux qui en ont le plus besoin ».

L'assurance d'être plus au contact des besoins du terrain conduit même Emmanuel Macron à déclarer que la France « n'investira plus uniquement pour faire des opérations de gouvernement à gouvernement où il n'y a aucune retombée sur la population locale ».

Concernant plus précisément la région du Sahel aux prises avec de nombreux défis, il revient sur la création quelques mois plus tôt, en juillet 2017, de l'Alliance pour le Sahel. Il insiste sur la spécificité de cette démarche dans la mesure où il s'agit pour la France, en lien direct avec ses partenaires africains, « d'agréger l'aide multilatérale, l'aide d'autres puissances européennes pour être plus efficace ».

Le président insiste enfin, plus généralement, sur un point de méthode. Dans sa volonté de s'adresser avant tout à la jeunesse africaine, il précise que d'autres l'aideront. « Ce sont les membres du Conseil présidentiel pour l'Afrique. Pour l'Afrique car ils seront un lien permanent avec vous. [...] Et présidentiel car votre voix me sera restituée sans filtre, sans intermédiaire, sans concession ». Ce Conseil, fort à l'origine de huit membres dont la plupart issus de la diaspora africaine, a pour objectif d'apporter au président un éclairage original, non institutionnel, sur l'Afrique. Une partie importante de sa mission, outre la formulation de propositions d'action, est de transmettre directement au président les perceptions et les attentes des sociétés du continent.

Les discours des Conférences des ambassadeurs

Chaque année, la Conférence des ambassadeurs offre au président la possibilité de préciser ses orientations en matière de politique étrangère. En ce qui concerne notre sujet, la continuité est parfaite au regard du discours de Ouagadougou. Nous envisageons ici les discours de 2018 et 2019, ceux de 2020 et 2021 n'ayant pas été prononcés en raison de la crise du Covid.

Emmanuel Macron réaffirme tout d'abord l'importance de la place qu'occupe l'Afrique pour la France : « Elle est notre indispensable alliée pour que l'Europe continue de jouer tout son rôle dans les affaires du monde[2]. » En contrepartie, la France se doit d'être aux côtés du continent. Le président de la République affirme ainsi que la France doit avoir une ambition nouvelle concernant la politique d'aide au développement. Dès le discours de 2018, confirmant l'objectif des 0,55 % du revenu national brut pour 2022, il annonce un milliard d'euros en autorisations d'engagement supplémentaires pour le budget 2019[3].

Si l'augmentation des moyens financiers est nécessaire, elle n'est cependant pas suffisante. Emmanuel Macron souhaite un changement de méthode. La relation avec l'Afrique doit être envisagée dans le cadre d'un « nouveau partenariat[4] ». Il propose de procéder à une « conversion de notre propre action, de la relation avec nos partenaires africains et de nos méthodes[5] ». Il s'agit plus précisément d'« agir et travailler différemment avec les Africains pour eux-mêmes, penser leur action avec eux et considérer que les actions les plus en pointe sont à faire avec les Africains en Afrique[6] ». Le président cite alors deux exemples devant concrétiser cette nouvelle orientation : la transition climatique, avec les initiatives de la Banque africaine de développement et de la Banque mondiale, et l'innovation.

L'utilisation de la préposition *avec* illustre ce changement de méthode. Emmanuel Macron semble avoir bien assimilé les leçons de la politique de l'offre (cf. *supra*) : l'aide ne peut faire *à la place de*, elle ne peut *qu'accompagner*, comme l'illustre la fameuse maxime de Gandhi : « Tout ce que vous faites pour moi sans moi, vous le faites contre moi ».

Le changement de méthode implique aussi d'innover en matière de gouvernance. Est ainsi décidée la création d'un conseil présidentiel du développement. Par ailleurs, dans le sillage du rapport du député Hervé Berville, il convient de mieux associer la société civile, la jeunesse, les entreprises et les diasporas à la politique d'aide au développement.

Emmanuel Macron réaffirme enfin l'idée d'être plus proche du terrain. Évoquant l'exemple du Sahel, il rappelle la création de l'Alliance pour le Sahel qu'il inclut dans l'approche « des "3 D" : Diplomatie, développement, défense[7] ».

Le Conseil présidentiel du développement

Le Conseil se réunit pour la première fois le 17 décembre 2020. Sous la présidence du chef de l'État, il regroupe le Premier ministre, le ministre de l'Europe et des Affaires étrangères, le ministre de l'Économie, des Finances et de la Relance, les autres principaux ministres concernés ainsi que les directeurs généraux de l'Agence française de développement et d'Expertise France.

Faute de discours présidentiel, nous disposons du compte rendu public de la réunion rédigé par la Direction générale du Trésor et de l'intervention, à l'issue de la rencontre, du ministre de l'Europe et des Affaires étrangères.

Selon le compte rendu, la réunion porte principalement sur le financement du développement des pays africains dont les économies sont en récession, en prévision du sommet sur le financement des économies africaines de mai 2021. Le Conseil décide en outre la mise en place d'un Fonds d'innovation pour le développement, présidé par Esther Duflo. Ce fonds devra contribuer au déploiement d'innovations technologiques, sociales, financières ou environnementales « ayant un fort impact sur le terrain dans les secteurs thématiques et géographiques prioritaires de l'aide française[8] ». Le Conseil décide également de donner une nouvelle ambition à l'expertise française à l'international.

Dans sa déclaration, le ministre de l'Europe et des Affaires étrangères note que l'APD a entamé sa montée en puissance : elle s'est élevée à près de 11 milliards d'euros en 2019. Il fait ensuite référence au projet de loi de programmation sur le développement solidaire et la lutte contre les inégalités mondiales qui « inaugure un changement de méthode en profondeur dans le sillage des effets du CICID 2018 qui a mis en place un nouveau paradigme ». Ce dernier se décline autour de priorités géographiques (concentration de l'APD en dons vers les pays les plus vulnérables – les 19 pays prioritaires) et de priorités thématiques (les biens publics mondiaux : santé, climat, biodiversité, éducation). Jean-Yves Le Drian affirme enfin que le nouveau paradigme s'appuie sur des « partenariats refondés ». Il en énonce la philosophie : « Il ne s'agit pas seulement de faire pour nos partenaires du Sud mais de faire avec eux[9] ».

Au total, le discours du pouvoir est encourageant. Plusieurs intentions et directions semblent prometteuses. Ce bilan globalement positif se voit conforté, à sa manière, par Achille Mbembe – que l'on ne peut taxer de complaisance – lors de son passage sur TV5 Monde au printemps 2021[10].

Celui que l'on présente comme l'un des principaux théoriciens du postcolonialisme a accepté la mission que lui a proposée Emmanuel Macron pour le sommet Afrique-France d'octobre 2021 : organiser un dialogue direct et ouvert avec les jeunes du continent pour questionner le rapport entre l'Afrique et la France dont il s'agit de réparer la relation. Le président français appelle à des propositions fortes.

Achille Mbembe estime qu'un certain nombre de gestes significatifs récents de la France sont à porter à son crédit : le rapport Duclert sur le Rwanda, celui de Benjamin Stora sur l'Algérie, la restitution d'objets d'art, l'organisation de la saison Africa par Ngom Fall. Pour appuyer son propos, l'universitaire camerounais évoque ce dîner à l'Élysée auquel Emmanuel Macron avait convié plusieurs intellectuels africains, leur demandant « de mettre la pression sur lui ». Achille Mbembe l'avait rassuré quant à l'accomplissement de ce souhait... Il donne enfin quelques pistes lors de l'émission de TV5 Monde, proposant que la France investisse en Afrique dans l'approfondissement de la démocratie, la société civile, qu'elle parle à l'opposition.

Tout est-il pour autant si serein dans le ciel macronien ?

Notes

1. In *Coopération et développement au Mali*, université Paris 1 Panthéon-Sorbonne, master 2 Études africaines, 2017-2018, p. 87.
2. Discours du Président de la République à la conférence des ambassadeurs, 27 août 2019.
3. Discours du Président de la République à la conférence des ambassadeurs, 27 août 2018.
4. Discours du Président de la République à la conférence des ambassadeurs, 27 août 2019.
5. *Ibid.*
6. *Ibid.*
7. Discours du Président de la République à la conférence des ambassadeurs, 27 août 2018.
8. Ministère de l'Économie, des Finances et de la Relance, Direction générale du Trésor, Conseil présidentiel du développement du 17 décembre 2020, publié le 24 décembre 2020 ; https://www.tresor.economie.gouv.fr/Articles/2020/12/24/conseil-presidentiel-du-developpement-du-17-decembre-2020
9. Déclaration conjointe de Jean-Yves Le Drian et Bruno Le Maire sur l'aide publique au développement, *ibid.*
10. TV5 Monde, *Internationales*, 3 avril 2021.

2

À l'épreuve des faits

Questions sur la rupture

Alors qu'Emmanuel Macron appelle de ses vœux un « nouveau partenariat » avec l'Afrique, force est de reconnaître la difficulté à mettre en œuvre un réel changement. Le renouveau est rapidement taxé de « re-nouveau »[1]. Les principales orientations de son prédécesseur direct, François Hollande, sont confirmées, voire accentuées, notamment sur les aspects sécuritaire et économique.

On se souvient de la charge portée par le nouveau président contre la Françafrique, au point de ne même pas la nommer, estimant qu'il n'y avait plus « de politique africaine de la France ». Un ancien ambassadeur gabonais réagit, deux semaines après le discours de Ouagadougou : « La "fin de la Françafrique" est le plus gros cynisme qui soit. Toute l'institution, les personnages en règle générale autour de la Françafrique à l'Élysée et dans d'autres endroits ne sont pas morts. C'est toujours la même chose, voire en pire, parce que maintenant, on essaie de la cacher. C'est un effet de mode si vous croyez que la Françafrique est morte. [...] Et encore, dans les rares pays où il y a de l'alternance, il y a toujours des relations Françafrique. J'ai été ambassadeur pendant dix-sept ans et je sais de quoi je parle[2]. »

De même, un agent du ministère de l'Économie en poste dans une ambassade de France en Afrique montre bien dans son interview peu de temps après le discours de Ouagadougou que ce dernier ne représente pas une rupture : « Vous me demandez : “Macron a dit qu’il n’y avait plus de politique africaine, est-ce que cela va changer les activités que vous menez ?” Pas du tout. Ça ne change rien. Je dirai qu’avec ou sans politique africaine le travail d’un service économique régional est exactement le même car on est toujours dans la même logique qui est celle de défendre les intérêts économiques français et faire en sorte que nos entreprises puissent gagner des marchés[3]. »

Une relative déconnexion entre les annonces et leur traduction dans les faits apparaît également en ce qui concerne l’aide au développement.

Commençons par une première illustration qui concerne l’Alliance pour le Sahel (AS), mise en place en 2017, dont Emmanuel Macron rappelle régulièrement qu’elle doit permettre d’intervenir de manière plus efficace, plus au contact des réalités du terrain. Deux membres d’ONG interviewés fin 2018 en donnent une appréciation beaucoup plus mesurée : « L’annonce de l’Alliance Sahel, c’est juste “l’AS réunit 7 milliards de fonds, avec 3 bailleurs différents” [situation de départ] mais c’est tout. Cet argent, il reste dans les caisses de chaque État qui va continuer de faire un mécanisme d’appels à projets pour des ONG ou pour d’autres partenaires. Complètement normal. Ça ne change absolument rien, si ce n’est qu’il va y avoir des décaissements plus rapides. […] Pour nous, en fait, l’Alliance Sahel, c’est une coquille vide. […] C’est des échanges, de la coordination… peut-être un peu plus d’argent de la part des bailleurs de fonds. Est-ce que ça permet de vraiment répondre aux problèmes du Sahel ? Je n’en suis pas certaine[4]. » ; « Pour l’instant, sur le terrain, pour être honnête, on ne voit pas vraiment l’impact. […] Si vous parlez aux managers de projets… je pense que pour l’instant ils vont vous dire qu’ils ne voient pas la différence. Les projets qui ont été estampillés AS étaient des projets qui existaient déjà[5]. »

Pire, le chercheur Marc-Antoine Pérouse de Montclos va au-delà des problèmes techniques et souligne l'instrumentalisation de l'aide dans un tel cadre. L'Alliance pour le Sahel, écrit-il, vise à « utiliser l'aide internationale pour accompagner le déploiement de la force […] et endiguer la pression migratoire vers l'Europe[6] ».

A ce sujet, la politique des « 3D », Diplomatie, Développement, Défense, comme aime à le rappeler Emmanuel Macron, suit un ordre de priorité qui est « clairement », selon un journaliste spécialiste de l'Afrique : « défense, diplomatie, développement »[7].

Le second exemple est relatif à l'annonce, lors de la Conférence des ambassadeurs du 27 août 2018, d'un milliard d'euros de dons en autorisation d'engagement dans le budget 2019. Alors que les dons – destinés en principe aux populations les plus nécessiteuses – avaient tendance à s'effondrer, cette mesure semble incontestablement aller dans le bon sens.

C'est le calendrier d'utilisation de ce milliard qui pose problème. Alors que la résolution des difficultés des pays les plus pauvres (on pense notamment au Sahel) requiert l'urgence, les sénateurs Yvon Collin et Jean-Claude Requier nous apprennent dans un rapport parlementaire que les décaissements seront effectués jusqu'en… 2031, soit une moyenne de moins de 100 millions par an[8], ce qui ne change pas particulièrement la donne. Qui plus est, l'affectation de ce milliard ne semble pas concerner particulièrement la lutte contre la pauvreté.

La remise en cause des bonnes intentions concerne aussi le Conseil présidentiel pour l'Afrique (CPA) dont le rôle, rappelons-le, est de transmettre directement au président les attentes des sociétés du continent, plus particulièrement des jeunes.

La question est de savoir de qui, précisément, les membres du Conseil risquent fort de se faire le relais. Pour répondre à cette interrogation, il convient de s'arrêter sur sa composition qui fait la part belle au secteur privé, plus précisément au monde de l'entrepreneuriat.

Le chapeau d'un article de Laurence Caramel consacré au CPA publié fin 2018 résume bien la situation : « Le chef de l'État s'appuie sur ce cercle hétéroclite pour capter les attentes des nouvelles élites économiques et culturelles du continent[9]. » On peut donc s'interroger sur le fait que le CPA relaie les *desiderata* des sociétés dans leur pluralité.

Plus généralement, malgré les déclarations de bonnes intentions, il apparaît très difficile de rompre avec certaines habitudes prises en Afrique depuis des lustres. Un des meilleurs exemples se veut la succession d'Idriss Déby. A cette occasion se manifeste un réflexe néocolonial bien connu depuis les indépendances : le dirigeant en place serait irremplaçable. Le spécialiste de l'Afrique Antoine Glaser commente : « Quand on voit Emmanuel Macron assis dans un fauteuil à N'Djamena pour l'enterrement d'Idriss Déby à côté du jeune fils d'Idriss Déby, c'est vraiment le contraire de tout ce qu'Emmanuel Macron disait vouloir faire en Afrique et sortir de la Françafrique. Ça veut dire [qu'il est] obligé d'adouber une forme dynastique de succession sur le continent alors qu'il était allé dire en 2017 aux jeunes du Burkina Faso : "Bravo d'avoir lutté contre votre autocrate" qui était à l'époque Blaise Compaoré et là, vous adoubez le fils, justement, d'Idriss Déby. Cette image parle d'elle-même. C'est vrai qu'Emmanuel Macron est complètement à contre-discours, contre-courant. C'est pas du tout ce qu'il avait imaginé en 2017[10]. »

Lors de sa visite à Paris au mois de mai 2021, le président rwandais, Paul Kagame, pointe ce travers de la politique de la France en Afrique, souhaitant, dans la relation entre Paris et les États africains « un partenariat et non pas une supervision d'un membre inférieur »[11]. Cette remarque renvoie à la réponse donnée par Pierre Kipré, ancien ambassadeur de Côte d'Ivoire en France, à une enquêtrice qui lui demandait si l'on pouvait parler d'amitié dans le cadre des relations franco-ivoiriennes. L'intéressé répondit : « Oui, bien sûr, on est amis, mais c'est une amitié qui, pour moi et pour beaucoup de gens qui pensent comme moi, est celle du cavalier et du cheval »[12]. Une forme d'amitié...

Des contradictions majeures

Le regain d'intérêt perceptible ces dernières années en matière de coopération, principalement autour de la loi de programmation relative au développement solidaire et à la lutte contre les inégalités mondiales et du Sommet Afrique-France de Montpellier, a provoqué une petite révolution annoncée plus haut : depuis 2018, les décideurs de l'aide évoquent l'apparition d'un nouveau paradigme qui remet en cause l'idée même d'aide au développement. La relation verticale de donateur à receveur est questionnée ainsi que le cadre traditionnel Nord-Sud. Les nouveaux concepts sont ceux de « monde commun », « partenariat », « réciprocité », « investissement solidaire ». Ce virage est certes la conséquence, sur le temps long, du « rééquilibrage » du monde à la suite de l'émergence de certains États mais également, plus ponctuellement, de l'adoption en 2015 des Objectifs du développement durable. Tous les pays de la planète sont soudain devenus en développement durable. Désormais, les responsables de l'aide n'hésitent pas à proclamer que les solutions ne vont plus d'un continent vers l'autre mais sont partagées. Il existe cependant d'importantes contradictions entre cette nouvelle approche et la coopération telle qu'on peut l'observer.

- Le modèle de la coopération.

Depuis sa naissance, la coopération française est davantage bâtie sur les valeurs historiques de l'État français telles qu'exposées par les historiens des institutions (centralisation, autorité, intérêt, hiérarchie, secret, complexe de supériorité) que sur celles identifiées par les ONG de développement… qui sont même carrément opposées (attention apportée à la culture locale, écoute, enrichissement mutuel, ouverture à l'autre, mise en contact, modestie[13]).

La volonté soudaine, conformément à ce que l'on présente comme le nouveau paradigme, de ne plus faire *pour* mais *avec* l'Afrique, laisse dubitatif tellement elle est contraire à ce qu'est la coopération depuis plus d'un demi-siècle. Ne pas faire *pour* mais *avec* est le leitmotiv de certaines ONG de développement qui n'ont pas particulièrement inspiré le ministère des Affaires étrangères depuis les années 1960. On mesurera la sincérité de cette déclaration d'intention à l'entrée de Frères des Hommes dans le Conseil d'administration de l'AFD !

Quant au « partenariat », qui qualifierait la nouvelle relation avec les pays africains, sa définition même pose problème. De fait, si le partenariat suppose l'égalité des acteurs, force est de constater que le cadre de la coopération est, par hypothèse, l'inégalité, débouchant de manière classique sur une relation de type clientéliste telle qu'elle existe depuis la création de la coopération.

- La politique de l'offre.

Nous l'avons présentée dans la première partie. On sait que la responsabilité première du développement repose sur les pays concernés et leurs populations. Or, la politique d'aide, depuis son origine, a été conduite par l'offre du donateur.

Déclarer subitement que l'on change de paradigme n'est pas une opération si facile à réaliser. Dans l'enquête que nous avons menée avec des étudiants de l'université Paris 1 Panthéon-Sorbonne[14], nous avons noté une proportion écrasante d'exemples attestant une politique de l'offre. Et même si, selon la procédure relative aux projets, est prévue une lettre de demande émanant du receveur, nous avons souligné plus haut la manière d'influencer indirectement cette « demande » en fonction des *desiderata* du donateur.

L'emprise de la politique de l'offre paraît si forte que lors des rencontres internationales de la coopération d'Expertise France, Jean-Yves Le Drian déclare tout naturellement que l'intégration d'Expertise France à l'AFD renforce l'« offre française ». Faisant référence à l'accueil d'Expertise France par l'AFD, Rémy Rioux note pour sa part que vont s'associer ainsi l'« offre financière » et l'« offre technique ».

- La diplomatie économique et ses déclinaisons.

Ce qui est devenu la nouvelle doctrine de l'action extérieure de la France se dresse également face au nouveau paradigme. La diplomatie économique et ses dérivés (culturelle, scientifique, écologique…) représente, selon son promoteur, Laurent Fabius, « une mobilisation au service de notre influence ». L'ancien ministre des Affaires étrangères poursuit : « La diplomatie économique consiste à accompagner fortement nos entreprises dans leur expansion internationale, à les aider à conquérir des marchés[15]. »

Comment dès lors envisager un développement *avec* si l'objectif est d'aider à l'expansion de *nos* propres firmes ? Assurément, il s'agit d'un développement *pour* les entreprises de l'Hexagone.

Emmanuel Macron se glisse ici immédiatement dans les vêtements de son prédécesseur. Tout naturellement, le promoteur de la « start-up nation » met en avant la diplomatie économique. Lors du discours de Ouagadougou, il déclare : « Je veux [...] que les entreprises françaises investissent davantage en Afrique, pas seulement les grands groupes mais aussi les PME, les entrepreneurs. Plusieurs d'entre eux accompagnent ma délégation. Plus exactement la constituent ».

Moins d'un an plus tard, lors de la Conférence aux ambassadeurs de 2018, il précise : « Nous devons axer notre action collective sur une stratégie export pour les entreprises de taille intermédiaire comme les petites et moyennes entreprises qui seule réduira notre déficit commercial ».

- L'expertise.

La volonté de renforcer l'expertise française est affirmée lors du premier Conseil présidentiel du développement en décembre 2020. La Direction générale du Trésor note à cette occasion que le Conseil a décidé de donner une nouvelle ambition à l'expertise française à l'international « en renouvelant l'offre d'expertise et en renforçant le dispositif sur le terrain ». Jean-Yves Le Drian déclare pour sa part que le nombre d'experts techniques doublera d'ici deux ans.

Donner un nouvel élan à l'expertise en même temps que l'on proclame agir *avec* l'Afrique pose une fois de plus problème. De fait, en termes de développement, le passage du coopérant à l'expert n'est pas anodin. Si, sur le plan sémantique, le coopérant renvoie au « travailler avec », ce qui implique une relation de relative égalité, l'expert est « celui qui a fait ses preuves, celui qui sait », ce qui exprime une relation hiérarchique, par définition inégalitaire.

L'image de l'expert est corrélée avec celle de rendement. Une fois de plus, Laurent Fabius, commentant le rapport d'activité 2013 de France Expertise Internationale (FEI), se veut explicite : « FEI est un outil d'influence au service de la politique étrangère que je conduis, tournée vers le développement et le rayonnement de la France[16]. » À titre d'anecdote, j'ai reçu un mail publicitaire d'Expertise France le 5 juillet 2021 dont l'objet était la présentation de son rapport annuel. La première phrase du message était : « En 2020, Expertise France a réalisé un chiffre d'affaires de 220 millions d'euros » [en forte hausse], montrant bien ce qui préoccupe avant tout l'opérateur.

Dans le même sens, on remarquera que la coopération existante ne favorise pas l'expertise locale. Ainsi, une règle concernant le Fonds d'études et d'aide au secteur privé (FASEP), lui-même comptabilisé en dons, prévoit que la part d'ingénierie locale est limitée à 10 % du montant du FASEP[17]. Sous l'influence du nouveau paradigme, le Trésor est-il prêt à modifier cette disposition ?

Au total, la liste des incohérences et des contradictions entre ce que l'on présente comme le nouveau paradigme et la réalité de la coopération est longue car les deux, pour l'heure tout au moins, ne font pas bon ménage. Qu'il suffise de noter que la loi du 4 août elle-même consacre finalement très peu de développements au nouveau paradigme, alors que ce dernier, aux dires des responsables de l'aide, est annoncé depuis 2018. Hormis une vague référence aux « partenariats », qui concernent autant sinon plus des acteurs du Nord que du Sud, la référence la plus directe renvoie à la mobilité et aux volontariats « dits "réciproques" [18] » (*sic* !)

Au-delà de ces divers exemples, il convient maintenant de déplacer le projecteur vers quatre moments qui ont illustré récemment ce grand écart entre discours et réalité.

Notes

1. Thomas Noirot, Éditorial, *Billets d'Afrique* n° 268, Juin 2017, p. 3.
2. In *L'aide publique au développement en Mauritanie*, université Paris 1 Panthéon-Sorbonne, master 2 Droits africains, 2017-2018, p. 169.
3. In *Analyse d'une source primaire*, université Paris 1 Panthéon-Sorbonne, master 2 Études africaines, 2017-2018, p. 12.
4. In *Rapport sur l'Alliance Sahel*, université Paris 1 Panthéon-Sorbonne, master 2 Études africaines, 2018-2019, annexe 2, p. 15.
5. In *ibid.*, annexe 8, p. 1.
6. Marc-Antoine Pérouse de Montclos, « Aide internationale et guerre globale contre le terrorisme en Afrique », *Revue internationale des études du développement*, n° 241, 2020-1, p. 46.
7. In *Le rapport Berville*, université Paris 1 Panthéon-Sorbonne, master 2 Droits africains, 2018-2019, p. 46.
8. Yvon Collin, Jean-Claude Requier, Rapport spécial, Aide publique au développement, Loi de finances pour 2019, Sénat, Commission des Finances, p. 31.
9. Laurence Caramel, Le Conseil présidentiel pour l'Afrique, outil controversé du « soft power » d'Emmanuel Macron, *Le Monde Afrique*, novembre 2018.

10. Antoine Glaser, « Tchad, un allié encombrant ? », Arte, Une leçon de géopolitique du Dessous des cartes, 27 avril 2021.
11. *Le Monde*, 19 mai 2021.
12. in Syndie Amoussou, *Analyse de l'aide-échange entre la France et la Côte d'Ivoire de 1960 à 2019*, master 2 science politique parcours Études africaines, université Paris 1 Panthéon-Sorbonne, 2019-2020, p. 160.
13. Cf. Philippe Marchesin, *La politique française de coopération. Je t'aide, moi non plus*, Paris, L'Harmattan, 2021, p. 125 et suivantes.
14. Cf. la note 6 de l'introduction.
15. Discours de Laurent Fabius à l'École polytechnique, 25 juin 2013.
16. Cité in *La coopération technique française. L'exemple d'Expertise France*, université Paris 1 Panthéon-Sorbonne, master 2 Coopération internationale, action humanitaire et politiques de développement, janvier 2016, p. 5.
17. Cf. Ministère des Affaires étrangères, Ministère de l'Économie et des Finances, Agence Française de Développement, *Bilan évaluatif de la politique française de coopération au développement entre 1998 et 2010*, Ernst et Young, 2012, Rapport d'annexes 2, Confidentiel, p. 118 (encadré 6).
18. Titre Ier, article 4.

3

Dérives sur fond de cacophonie

Les Rencontres internationales de la coopération d'Expertise France

Environ six mois avant la promulgation de la loi « Développement solidaire », Expertise France organise ces Rencontres le 9 février 2021, ce qui correspond à ses cinq ans d'existence. Selon la présentation de la journée, cet événement doit marquer le renouveau de la coopération internationale.

En introduction, Jean-Yves Le Drian annonce la refondation de la coopération, qui doit se traduire dans la loi de programmation de 2021. Un second représentant du ministère des Affaires étrangères, le directeur général de la mondialisation, Michel Miraillet, fait référence quant à lui à une « révolution copernicienne du développement ».

Le directeur général de l'AFD leur emboîte le pas en affirmant que le monde du développement « a complètement changé depuis 2015 » : « Avant 2015, on savait. On expliquait, on transférait, on finançait des solutions nées ailleurs dans les pays où on avait une demande et où on était accueillis. Ça, ça a donné des résultats inégaux. » Selon Rémy Rioux, l'adoption des ODD a bouleversé le paysage de l'aide dans la mesure où les solutions désormais peuvent apparaître en tout endroit du monde. Sous l'effet de la crise climatique et de la pandémie, « tous nos problèmes sont entrelacés ».

Pour les intervenants, la nouvelle loi doit donc répondre à ces « responsabilités communes, ces intérêts communs » qui concernent désormais l'ensemble des pays du monde.

Il n'en demeure pas moins que ce passage vers le nouveau paradigme comporte des conséquences sur la conception même de l'aide. Le nouveau cadre sert de justification à une remise en cause de la dimension « solidarité » (ou tout au moins ce qu'il en reste). Après avoir annoncé la « révolution copernicienne » du développement, Michel Miraillet ajoute aussitôt, précisant sa pensée : « Nous ne pouvons plus faire uniquement un geste altruiste. Il faut un effort conjoint. »

De son côté, après avoir fait référence au « grand récit » de 2015, Rémy Rioux enchaîne : « Il faut voir l'action de développement non plus probablement comme de l'aide ou de la pure solidarité – c'est très bien, c'est très respectable la solidarité – mais plus profondément, je crois que c'est un investissement dans des solutions dont on va ensuite s'inspirer, pour notre propre transformation. »

La fin des Rencontres accentue cette dimension. Après de nombreuses interventions basées avant tout sur la solidarité, c'est l'intérêt qui est subitement mis au centre des propos des deux derniers orateurs, ce qui nous conduit à avancer le terme de cacophonie. Le premier est un conseiller du commerce extérieur qui propose de mettre en place un continuum État – ONG – secteur privé pour mieux répondre aux besoins des « clients ». Il prend pour exemple la Team France export qui associe Business France, des chambres consulaires et des sociétés privées. Le dernier intervenant, le ministre de l'Économie Bruno Le Maire, estime qu'avec son intégration à l'AFD, Expertise France pourra « mieux accompagner les entreprises dans le sillage des projets portés par l'Agence ».

Le débat sur la loi « Développement solidaire et lutte contre les inégalités mondiales » à l'Assemblée nationale

On a rappelé dans l'introduction le vote massif en faveur de la loi (502 pour), tempéré par les abstentions (41) provenant essentiellement des députés communistes et insoumis. Cette large adhésion renvoie certainement aux avancées réalisées en matière d'APD sur le plan quantitatif (0,55 % du RNB en 2022, objectif de 0,7 % pour 2025 que la France « s'efforcera » d'atteindre) ainsi que dans d'autres domaines tels que la reconnaissance du rôle des organisations de la société civile, la création d'une commission indépendante d'évaluation de la politique de développement, la mise en place d'un mécanisme permettant de restituer aux populations des pays concernés les biens mal acquis par leurs dirigeants ou le renforcement du pilotage de la politique de développement. Il ne reste pas moins qu'un certain nombre d'ambiguïtés, sources possibles de stagnation, demeurent.

La première traverse les débats. Il s'agit d'un problème de méthode lié à la manière même de concevoir l'utilisation de l'aide.

Tout part d'une demande de certains députés de l'opposition consistant à augmenter et chiffrer la part des dons (85 % par rapport aux prêts d'ici 2025) et des services sociaux de base (50 % de l'APD). Le rapporteur, Hervé Berville, oppose son refus en invoquant trois arguments.

Le premier fait référence au fait que fixer des seuils à réserver à tel ou tel secteur, par exemple aux services sociaux de base, est contradictoire avec la volonté de laisser les pays concernés décider de leurs priorités.

Le deuxième renvoie aux difficultés en termes de coordination que représenterait un chiffrage par chaque donateur ; si chacun arrivait avec ses propres indicateurs, cela ne ferait que compliquer la situation.

Le troisième consiste à rejeter les objectifs sectoriels car l'aide est multifactorielle, multidimensionnelle. Il serait contre-productif de rigidifier les dépenses. Hervé Berville distingue les indicateurs de suivi de l'aide en prenant l'exemple bien connu de l'éducation : l'indicateur de moyens (combien de millions dans le budget de l'éducation nationale), l'indicateur de réalisation (combien d'écoles construites), l'indicateur de résultat (combien d'enfants à l'école) et l'indicateur d'impact (le taux d'alphabétisation atteint). Le but étant d'améliorer le taux d'alphabétisation des jeunes et de faire en sorte qu'ils viennent en classe, le rapporteur souligne que pour parvenir à un tel objectif, il peut certes être nécessaire d'augmenter le budget de l'éducation nationale, mais peut-être aussi celui des transports afin qu'une route soit construite et que des cars puissent transporter les enfants à l'école ou celui de l'agriculture pour que les enfants bénéficient de repas gratuits.

Hervé Berville conclut sur la nécessité de privilégier l'indicateur d'impact[1].

En théorie, ces arguments (notamment le dernier) sont intéressants. Ils pourraient convaincre si les divers intervenants prenaient la question des secteurs sociaux au sérieux. Rien ne montre à ce jour que ce soit le cas. Les gouvernants des pays donateurs sont le plus souvent à la recherche du retour sur investissement ; ceux des pays receveurs privilégient leur intérêt direct, sinon d'autres secteurs que les services sociaux.

Par ailleurs, ne pas chiffrer les secteurs sociaux laisse une importante marge de manœuvre aux divers acteurs. Or, on sait que le donateur est immergé dans la doctrine de diplomatie économique. Quant aux signaux venant du receveur, ils sont plutôt inquiétants quand on pense par exemple à l'utilisation finale des aides budgétaires après application du principe de fongibilité. Bref, que ce soit du côté du donateur ou de celui du receveur, qui peut garantir que les crédits seront bien affectés *in fine* aux secteurs sociaux ?

Enfin, refuser de chiffrer les secteurs sociaux en invoquant la recherche de l'indicateur d'impact laisse sur sa faim quand on sait, comme l'affirme ce responsable du ministère des Affaires étrangères dans un entretien, que l'« on n'est pas capables » de chiffrer les indicateurs d'impact[2].

En attendant, consacrer des sommes garanties aux secteurs sociaux permettrait, même si le tir rate un peu sa cible, de contribuer malgré tout à des domaines qui font particulièrement sens dans la lutte contre la pauvreté. Et qu'est-ce qui empêcherait de faire preuve de flexibilité si la situation l'exige ?

Une seconde série d'ambiguïtés introduit, à l'instar des Rencontres d'Expertise France, une certaine confusion. Ainsi, l'intitulé même de la loi renvoie uniquement, comme noté plus haut, au pan « solidarité » de l'aide. Or, nous savons, à travers la pratique de l'aide, mais également les déclarations de maintes personnes impliquées dans la conception ou la mise en œuvre de l'aide (dont des député(e)s), que la dimension « influence » est hégémonique, ce qui pousse à croire que plus on pratique l'influence, plus on affiche la solidarité. Schizophrénie oblige.

L'amalgame se retrouve dans les propos de certain(e)s député(e)s. Bérangère Poletti, pourtant coauteure d'un rapport relativement récent sur l'APD, n'hésite pas, durant le débat, à affirmer que « les politiques de développement solidaire sont des politiques d'influence pour la France[3] ».

Sa collègue Sira Sylla, qui a par ailleurs montré son attachement à une nouvelle relation entre la France et l'Afrique, réclame une politique de « solidarité » au service du « rayonnement et de l'influence » des valeurs de la France dans les domaines « culturel, économique et diplomatique[4] », autant de termes qui, pris individuellement, font sens, mais employés pêle-mêle, témoignent d'une certaine incohérence.

Le débat sur la loi « Développement solidaire et lutte contre les inégalités mondiales » au Sénat

À l'image de l'Assemblée nationale, le Sénat approuve très largement le projet de loi (327 pour sur 344 votants). Quinze sénateurs communistes s'abstiennent et deux autres sénateurs votent contre (l'un de ces deux suffrages émane du centriste Vincent Delahaye qui explique son choix en raison d'une trop grande dispersion de l'aide, notamment vers les pays émergents, alors qu'elle devrait se concentrer sur les pays les plus pauvres et les pays à forte émigration vers la France ; il critique également le fonctionnement de l'AFD, trop dispendieuse à son goût). Comme à la chambre basse, la discussion du projet de loi n'est pas dépourvue d'ambiguïtés.

La première concerne également le chiffrage de l'aide. Plusieurs sénateurs, issus généralement de l'opposition de gauche, proposent de fixer des montants à destination de certaines cibles (par exemple 40 % de l'APD vers les pays prioritaires pour l'écologiste Guillaume Gontard, au moins 50 % aux services sociaux de base pour le socialiste Lucien Stanzione). À chaque fois, le couperet tombe. Le rapporteur et le ministre ne veulent pas de proposition chiffrée. L'argument opposé est toujours le même : il convient de ne pas « rigidifier » le système. Jean-Yves Le

Drian estime ainsi qu'il ne faut pas aller au-delà des trois objectifs de ciblage majeurs qui se trouvent dans le projet de loi : le rapport dons-prêts, le ratio multilatéral-bilatéral, le ciblage des dix-neuf pays prioritaires. Aller plus loin compromettrait toute efficacité. S'il estime que les cibles peuvent être justifiées dans leur principe, il ajoute aussitôt que « dès lors qu'elles sont exprimées en pourcentage, on ne s'en sort plus[5] ! »

À l'instar d'Hervé Berville au palais Bourbon, le ministre développe plus particulièrement son argumentation concernant l'éducation : « Nous ne souhaitons pas créer de nouvelles cibles d'APD, sinon nous ne pourrons pas toutes les atteindre en même temps. Imaginons un projet pour l'éducation dans un pays prioritaire qui devra atteindre 15 % de l'aide dans ce pays ; il faudrait s'assurer que cela entre dans les 30 %, que la part de prêts et de dons est correcte par rapport au critère des 80 %, que la part du multilatéral et du bilatéral soit correcte, qu'il reste assez de crédits pour les 10 % consacrés à la santé… Bref, si l'on additionnait tous les ciblages proposés, seul un mathématicien extrêmement pointu pourrait faire les arbitrages. Il faut affirmer l'importance de l'éducation […] mais la multiplication des cibles rendrait toute action inefficace[6]. »

On pourrait répondre au ministre que les demandes concernent avant tout les secteurs sociaux, plus particulièrement la santé et l'éducation – de base – qui font particulièrement sens en matière de développement. Les calculs ne seraient finalement pas si compliqués à faire. À travers son argumentation, le ministre veut avant tout que l'administration garde les mains libres. Elle peut ainsi utiliser les fonds à sa guise.

Le résultat est connu. Les faits parlent d'eux-mêmes. Comme indiqué dans le tableau du CAD cité à la fin de la première partie[7], la santé et l'éducation de base ne reçoivent presque rien. De fait, ses bénéficiaires n'ont pas voix au chapitre. Comme personne ne les représente vraiment, ils passent à côté des financements. Ajoutons qu'avec l'ambiance actuelle de diplomatie économique, laisser les mains libres à l'administration équivaut à faire entrer le renard de l'influence dans le poulailler de la solidarité.

Il est révélateur que lorsque le même sénateur Stanzione propose un amendement - non chiffré – visant à « intégrer la question de l'extrême pauvreté dans l'approche fondée sur les droits humains et à renforcer les capacités des citoyens afin qu'ils soient en mesure de faire valoir leurs droits »[8], l'opposition du rapporteur et du gouvernement disparaît. L'amendement est adopté.

Un deuxième épisode du débat au Sénat retient l'attention. À l'image de leurs homologues de l'Assemblée nationale, plusieurs sénateurs souhaitent un portage politique de l'aide au développement afin d'améliorer sa prise en compte dans la politique gouvernementale. La sénatrice socialiste Marie-Arlette Carlotti explique : « Si l'on veut un suivi et un accompagnement permanents d'une politique de plus en plus complexe, alors il faut un ministre de plein exercice chargé de la coopération et du développement. » Elle poursuit : « Nous voulons également qu'une administration y soit dédiée, avec une culture du développement, faute de quoi la politique du développement pourrait en pâtir[9]. »

Le ministre de l'Europe et des Affaires étrangères s'oppose aussitôt à cette solution : « J'estime qu'il ne faut pas dissocier la politique de développement de la politique étrangère » déclare-t-il. Et pour bien éclairer son propos, il précise : « J'ai pour projet que la politique de développement soit un pilier de la politique étrangère de la France, afin de développer notre politique d'influence en fonction de nos propres valeurs[10]. » C'est exactement ce que Laurent Fabius avait dit en 2013 : l'aide n'est pas un domaine autonome, elle participe au statut de puissance d'influence de la France[11]. Cette prise de position réaffirmée au plus haut niveau montre bien que l'aide, dans l'esprit des décideurs, est enchâssée dans la dimension « influence ».

Pour terminer, il convient de souligner, comme précédemment, la confusion qui règne dans les esprits de certains sénateurs. Pascal Allizard assimile l'APD à la fois à du « *soft power* » et à de la « générosité »[12]. Jean-Claude Requier invite à ne pas oublier « tous ces territoires qui souffrent », tout en soulignant aussitôt que cette politique participe aussi « de l'influence et de la francophonie[13] ». Le président de la Commission des Affaires étrangères, Christian Cambon, rattache quant à lui l'APD à la « politique d'influence du Gouvernement » tout en affirmant que la France « sait être généreuse[14] ».

Le Nouveau Sommet Afrique-France de Montpellier

Ce sommet Afrique-France d'un nouveau genre qui se tient le 8 octobre 2021 est qualifié par l'Élysée de « sommet renversé » dans la mesure où ceux (les chefs d'État) qui sont habituellement conviés à cette occasion ne le sont pas cette fois-ci. Il s'agit de donner la parole à la jeunesse africaine. L'objectif de la conférence consiste à « refonder les relations entre la France et l'Afrique » !

L'exercice a été précédé par la remise à Emmanuel Macron d'un rapport rédigé par Achille Mbembe sur les « Nouvelles relations Afrique-France ». Dans ce document, l'historien analyse la relation entre la France et le continent puis émet un certain nombre de propositions pour réparer cette relation. L'échange entre les intervenants et le président tranche résolument avec l'ambiance habituelle de telles réunions. Emmanuel Macron se fait interpeller, parfois très directement, par la dizaine de jeunes venus d'Afrique et de la diaspora. Une intervenante l'invite même à récurer la « marmite très sale » des relations franco-africaines.

Il ressort de ce dialogue sans concession plusieurs propositions, dont certaines reprises du rapport d'Achille Mbembe : création d'un Fonds d'innovation pour la démocratie, mise en place de la maison des mondes africains et des diasporas, lancement du programme Campus nomade, restitution d'objets d'art à certains pays d'Afrique... De son côté, l'Agence française de développement annonce le financement d'initiatives dirigées vers la jeunesse africaine en matière de sport, d'industries culturelles et créatives, d'entrepreneuriat et de soutien aux start-up.

Que retenir plus profondément de ce cénacle concernant le domaine qui nous intéresse ici, au-delà de ces quelques mesures ?

Dans leurs interventions à Montpellier, les jeunes africains présents ont insisté sur certains termes : ils ne veulent plus parler d'*aide* ou de *développement* mais de *partenariat*, instaurer des relations d'*égal à égal*, donner plus de place à la *société civile*. Dans sa réponse, Emmanuel Macron lui-même a fait remarquer qu'il n'utilisait plus le terme d'aide mais d'« *investissement solidaire* ».

Au-delà de la sincérité des participants et de leur volonté de construire une nouvelle relation, il faut cependant bien noter que l'égalité en la matière ne se décrète pas. Il ne faudrait pas croire que l'on peut régler les problèmes par un simple changement de mots. Il n'existe pas actuellement *stricto sensu* de partenariat en matière de coopération, sinon avec les grands pays émergents. La relation est et reste inégale. Affirmer le contraire relève du vœu pieu, de l'incantation et risque finalement de brouiller l'analyse. On peut et on doit bien sûr travailler à la mise en place de nouveaux rapports mais il serait vain de se bercer uniquement de mots. L'agent du ministère de l'Économie en poste en Afrique interviewé après le discours de Ouagadougou (cf. *supra*) le dit très clairement : son activité a été la même avant et après le discours du président, à savoir, faciliter l'implantation des entreprises françaises.

On ne saurait de même continuer à s'étourdir à force d'utiliser la sympathique mais finalement erronée notion de société civile appliquée à l'Afrique. Non qu'il n'y ait pas des membres éveillés et courageux d'une « société civile » *sui generis* qui manifestent, parfois au prix de leur vie, contre tel ou tel potentat. Mais on peine à distinguer, dans des pays caractérisés par une osmose État/société, en raison de la faiblesse du salariat, la société, « organisée, par rapport à l'État », qui est la définition de la société civile. À tel point que lorsque l'on a chassé le dictateur et que la vie recommence, tout reprend comme avant car les structures de l'économie et du politique n'ont pas changé, comme par enchantement. *Ali Baba est parti mais les quarante voleurs sont restés*.

Le dernier exemple d'ivresse des mots, qui pourrait bien se traduire par le fameux « tout changer pour que rien ne change » concerne le terme d'« aide ». La sémantique ne suffira pas. C'est à une autre pratique de l'aide qu'il faut s'atteler (cf. *infra*). En attendant, la proposition officielle d'« investissement solidaire » est révélatrice d'une parfaite continuité pour au moins deux raisons. Renvoyant à la fois à l'intérêt et à la solidarité, elle exprime on ne peut mieux, de manière très classique, l'oxymore congénital de l'aide. Quant au terme d'« investissement », il reprend exactement ce qui caractérise la logique du Trésor en matière d'APD, qui n'est autre que le « retour sur investissement ». Ce qui est au fond tout à fait cohérent si l'on rappelle que c'est bien à Bercy que se trouve le bureau de l'aide publique au développement[15].

Une ultime remarque concernera les représentants de la jeunesse africaine choisis à Montpellier, à savoir la dizaine de « pépites » sélectionnées. Il a suffi d'entendre leur manière de s'exprimer et de vérifier leur « surface » sociale pour constater qu'il s'agissait d'une jeunesse instruite, urbanisée, bref, un ersatz de la future élite – comme Emmanuel Macron l'a lui-même reconnu. La critique rejoint ici celle effectuée à propos du CPA. En quoi cette jeunesse était-elle représentative des jeunes marginalisés, non ou peu éduqués, issus des bidonvilles ou du monde rural ? Il semble qu'une fois de plus on ait pris pour interlocuteurs de futurs partenaires finalement pas si proches de la masse des jeunes africains.

Notes

1. Assemblée nationale, Comptes rendus des débats en séance, 19 février 2021, 2ème séance.
2. Cité in Philippe Marchesin, *La politique française de coopération. Je t'aide, moi non plus*, Paris, L'Harmattan, 2021, p. 25.
3. Assemblée nationale, Comptes rendus des débats en séance, 17 février 2021, 2ème séance.
4. Assemblée nationale, Comptes rendus des débats en séance, 19 février 2021, 2ème séance.
5. Sénat, compte rendu intégral des débats, séance du 11 mai 2021.
6. *Ibid.,* séance du 12 mai.
7. Note 22.

8. Sénat, compte rendu intégral des débats, séance du 12 mai 2021.
9. *Ibid.*, séance du 17 mai 2021.
10. *Ibid.*
11. Cf. *supra*, introduction de la première partie, note 6.
12. Sénat, compte rendu intégral des débats, séance du 11 mai 2021.
13. *Ibid.*, séance du 17 mai 2021.
14. *Ibid.*
15. Le « changement dans la continuité » consisterait alors à changer les mots mais à continuer à pratiquer la diplomatie économique et ses déclinaisons sectorielles, ce qui nous ramènerait au dispositif françafricain caractérisé par sa faculté d'adaptation comme l'ont souligné Thomas Borrel et al. : « Il en va de la Françafrique comme de l'informatique : le système d'exploitation, pour se prémunir contre les dysfonctionnements et les potentielles agressions, est régulièrement mis à jour » in *L'empire qui ne veut pas mourir. Une histoire de la Françafrique*, Paris, Seuil, 2021, p. 14.

TROISIÈME PARTIE

Que faire ?

Le titre de la troisième partie ne renvoie pas au célèbre livre publié par Lénine en 1902 mais à un rapport, non moins important dans notre domaine d'intérêt, rédigé par des spécialistes du développement en 1975 et publié par la Fondation Dag Hammarskjöld[1]. Un rapport pour le moins précurseur.

De fait, il considérait le développement comme un phénomène global ne concernant pas uniquement le Tiers monde – comme on disait alors – mais également les pays industrialisés. Dans cette optique, le rapport se prononçait pour un contrôle du contenu de la croissance eu égard à ses conséquences, surtout écologiques, à long terme. Bref, l'esquisse d'un « monde en commun », quarante ans avant les objectifs du développement durable !

Avec pour objectif un développement planétaire plus harmonieux, ce rapport préconisait (déjà) de limiter la consommation de viande et de pétrole, une utilisation plus économique des bâtiments, un accroissement de la durée de vie des biens de consommation et la suppression des voitures individuelles remplacées par des transports collectifs ou des véhicules mis en location.

Un peu à la même époque, le directeur général de la Caisse centrale de coopération économique, André Postel-Vinay, prévenait, de manière non moins prémonitoire : « Quand on pense à l'évolution possible des déséquilibres démographiques et des écarts de niveau de vie [...], aux désordres, aux fanatismes et aux mouvements migratoires que cette évolution peut susciter [...], on n'a pas de peine à croire que l'État français se devrait au moins d'affecter à une aide véritable la très modeste part de revenu national qu'il déclare dépenser en faveur du Tiers monde. Malheureusement, une grande partie de ce que nous appelons "notre aide" ne mérite pas ce nom[2]. » Il ne sera pas plus écouté.

N'est-il pas temps, cette fois, de passer réellement à l'action pour utiliser enfin l'aide publique au développement comme elle devrait l'être ?

Notes

1. Rapport Dag Hammarskjöld sur le développement et la coopération internationale, *Que faire*, publié dans *Development dialogue*, 1975.
2. In François Pacquement (ouvrage coordonné par), *La passion du développement. 32 ans de Caisse centrale. Mémoires d'André Postel-Vinay*, Paris, AFD, 2019, p. 245.

1

Donner tout son sens au mot solidarité

Le constat : l'aide rate sa cible

Nous avons déjà noté la persistance de situations d'extrême pauvreté dans notre monde par ailleurs si développé. Dans son dernier livre, *L'Afrique est l'avenir du monde. Repenser le développement*, l'ancien secrétaire exécutif de la Commission économique des Nations unies pour l'Afrique, Carlos Lopes, rappelle qu'environ 227 millions d'Africains, soit une personne sur cinq sur le continent, souffre encore d'insécurité alimentaire chronique[1].

Je me souviens à ce sujet d'avoir vu il y a quelques années sur TV5 Monde, lors d'un numéro de l'émission *Internationales* consacré à l'aide publique au développement, un reportage sur une école en République démocratique du Congo où les enfants, arrivant le matin sous une pluie battante, allaient quand même boire de l'eau au robinet dans la cour de l'école. Alors que le commentateur s'interrogeait sur cette situation, un enseignant expliquait que les enfants buvaient de l'eau pour calmer leur faim.

Juste après, un vieux paysan sénégalais était interviewé. Interrogé sur l'aide, il répliquait de façon désabusée, qu'elle n'était pas pour lui, que de toute façon il n'en verrait jamais la couleur. Son expression était tellement vraie que cette image suffisait à illustrer l'émission. En quelques mots, il montrait bien que l'aide rate pour une bonne part sa cible si l'on rappelle que sa mission première est de lutter contre la pauvreté, voire l'extrême pauvreté.

Cette situation ne date pas d'hier. On peut établir un continuum particulièrement édifiant sur le très faible intérêt accordé à la dimension sociale par l'aide française depuis qu'elle existe, voire même avant.

La préhistoire de l'aide (à savoir les années 1950 puisque le ministère de la Coopération a été créé en 1961) est déjà riche d'enseignements. Un exemple trouvé aux archives sur la coopération technique en 1955 en témoigne. Il s'agit des projets de barrages hydroélectriques en Afrique en lien avec l'industrie française d'aluminium. Cette dernière a besoin de beaucoup d'électricité. Il faut donc en produire à partir de barrages mais ceux-ci coûtent cher en France en raison de l'indemnisation des propriétaires des terrains recouverts par le lac artificiel. C'est là que les projets en Afrique prennent tout leur sens. Alors que le coût de l'aménagement du barrage du Kouilou au Moyen-Congo est estimé à 64 milliards de francs, les dépenses affectées aux « indemnités de déguerpissement » [je cite l'archive] ne représentent que 300 millions[2].

Le Fonds d'aide et de coopération (FAC), instrument-phare du ministère de la Coopération durant toute l'existence de ce dernier, de 1961 à 1999, n'a pas été plus tourné vers les préoccupations sociales[3]. Comme nous l'avons remarqué plus haut, son successeur, le Fonds de solidarité prioritaire, ne l'a pas davantage été.

Le constat vaut jusqu'aujourd'hui. Dans un rapport du Sénat de 2021, Hugues Saury et Rachid Temal montrent que la proportion d'aide destinée aux pays les plus pauvres est faible : les 47 pays les moins avancés (PMA) reçoivent 18 % de notre APD, les 19 pays prioritaires [on se demande si ce mot a un sens], 13 %[4].

Certes, la loi du 4 août 2021 fait preuve d'un grand optimisme. Les crédits de paiement de la mission APD sont annoncés comme suit pour les années à venir (en millions d'euros) : 2020 : 3 251 ; 2021 : 3 925 ; 2022 : 4 800[5]. On peut même citer le texte modifié en première lecture par le Sénat qui prévoit pour les années suivantes : 2023 : 5 300 ; 2024 : 5 800 ; 2025 : 6 300[6].

Ces chiffres donnent le tournis. Bien entendu, ils s'inscrivent dans la perspective des 0,7 % du PNB en aide au développement à l'horizon 2025. Il n'en reste pas moins qu'ils étonnent, d'autant plus qu'ils correspondent à des dons. À ce sujet, lors du débat au Sénat, Jean-Yves Le Drian affirme : « En volume, l'APD en dons est passée de 7,8 milliards d'euros en 2017 à près de 9 milliards d'euros en 2020[7]. » Comprenne qui pourra.

Et dans la mesure où en matière de financement du développement, les dons, contrairement aux prêts, sont facilement assimilés à la solidarité, il n'y a qu'un pas pour estimer que tout va pour le mieux dans le monde de l'aide au développement.

Assurément, comme les mots sont piégés (l'exemple de la francophonie montre très bien que l'on peut faire de l'influence avec des dons), il importe plus que jamais de savoir de quoi l'on parle et de définir précisément chaque instrument de l'aide publique au développement.

La politique de l'amalgame

Si la situation actuelle n'est pas satisfaisante, il faut remettre en cause la méthode, la manière de faire qui conduit à ce résultat.

Depuis son origine, le concept d'aide publique au développement repose sur la confusion solidarité-intérêt, ce que j'appelle le « syndrome congénital de l'aide », le choix d'un terme médical s'expliquant par la nature schizophrénique de l'aide. L'intitulé même de cette politique publique pas comme les autres, car ayant pour objectif la solidarité en dehors de nos frontières, est révélateur : l'aide publique au développement DE LA FRANCE n'est pas du tout la même chose que l'aide publique au DÉVELOPPEMENT DE LA FRANCE. Bref, du ministre des Colonies Albert Sarraut qui invitait à concilier « le cœur et la raison, le devoir et l'intérêt » à l'article 1, titre 1 de la loi « Développement solidaire » de 2021 dont le premier objectif est « l'éradication de la pauvreté » tout en représentant un « pilier de la politique étrangère de la France », la continuité est parfaite.

La volonté de ne pas séparer solidarité et influence constitue le dénominateur commun de cette histoire séculaire. Brouiller les pistes est rentable sur les deux tableaux : on affiche la solidarité (titre de la loi) et on pratique l'influence (diplomatie économique).

L'un des prolongements de cette manière de faire consiste à refuser de différencier les secteurs d'intervention. Nous avons noté que le leitmotiv des autorités lors du débat sur la loi consistait à refuser de chiffrer, de sanctuariser les secteurs sociaux, l'argumentaire d'Hervé Berville étant plus sophistiqué que celui de Jean-Yves Le Drian. La concession réalisée (on accepte trois cibles : le rapport dons-prêts, le ratio bilatéral-multilatéral, le ciblage des 19 pays prioritaires) consiste en fait à botter en touche : aucune de ces trois dimensions ne garantit que l'on fasse uniquement de la solidarité. Tout peut basculer en influence.

A bien observer la situation, on s'aperçoit en fait que la solidarité change de nature lorsqu'elle s'applique à l'extérieur. Si elle demeure solidarité en France (le ministère des « solidarités », les aides sociales directes, la sécurité sociale), elle devient pour une bonne part influence dès qu'elle passe les frontières, la raison étant certainement liée au fait que les principaux receveurs théoriques de l'aide, à savoir les pauvres des pays en développement, ne disposent pas de moyens de pression et que leurs principaux défenseurs, les ONG, sont bien moins efficaces que les syndicats ou toute autre forme de représentation d'intérêts, dans la défense de la solidarité à l'extérieur. A-t-on déjà vu un défilé de masse, type gilets jaunes ou manifestation d'agriculteurs, pour éradiquer la pauvreté en Afrique ?

La tendance dominante est donc à l'amalgame. L'activité principale des décideurs de l'aide semble bien être de « noyer le poisson ». Il est intéressant de noter que cette caractéristique de l'aide se retrouve dans des domaines voisins. Trois auteurs peuvent ici être convoqués.

L'anthropologue Bernard Hours propose, tout d'abord, une utile mise en perspective concernant un slogan souvent entendu ces dernières années en matière de coopération : le *win-win,* ou gagnant-gagnant. Il replace cette notion au niveau général de l'économie de marché. Cette dernière, relève-t-il, est fondée sur le « marché de dupes » gagnant-gagnant. Celui-ci, caractérisé par « la concurrence et le bluff », ne peut que produire des victimes car tout le monde ne peut pas gagner. Bernard Hours conclut : « La fortune des *winners* se fait sur le dos des *loosers*, sauf dans les bandes dessinées[8]. »

L'économiste Serge Latouche utilise le même raisonnement pour interroger le concept de développement durable, suspect dans la mesure où il fait l'unanimité : « Un concept qui satisfait le riche et le pauvre, le Nord et le Sud […], est un mauvais concept. Chacun y met ce qu'il veut, et pendant qu'on investit ses espoirs dans les mots, les pratiques se chargent de vous détrousser et de vous étrangler[9]. »

Le philosophe Bertrand Méheust va dans le même sens lorsqu'il expose ses réflexions sur la politique de l'oxymore (dans laquelle l'APD est immergée) : « Le propre de l'oxymore est de rapprocher, d'associer, d'hybrider et/ou de faire fusionner deux réalités contradictoires ». Il rappelle l'étymologie grecque d'oxymore qui signifie « folie aiguë » : « Utilisé à dose massive, l'oxymore rend fou. [...] Il devient un poison social [...] dont la fonction principale est de gommer les réalités qui fâchent[10]. » On conviendra donc que pour éviter la menace de cette folie – car il est impossible de faire en même temps deux choses contradictoires –, le choix de l'influence a été fait très tôt. Ce faisant, cela conduit à mettre sous le boisseau les vraies solutions qui, certes, dérangent, car elles sont dépourvues à court terme de retombées directes pour le donateur, mais qui sont les seules à pouvoir résoudre le problème. Car il existe des solutions, dont on s'efforcera de donner quelques pistes plus loin.

L'élément essentiel à noter dans ce sens est qu'un choix peut être fait entre influence et solidarité. La meilleure preuve vient des autorités françaises elles-mêmes. Il s'agit d'un tableau issu d'un rapport publié par le secrétariat général du ministère des Affaires étrangères en 2000, à savoir peu après le rattachement du ministère de la Coopération à celui des Affaires étrangères. Il présente les différences entre les métiers de « diffuseur culturel » et de « développeur » en matière de culture. Les rédacteurs du rapport résument les diverses actions qui en découlent.

Les différentes logiques en matière de culture

L'influence	**Le développement**
Formation universitaire d'excellence tournée vers les élites	Éducation de base professionnelle des cadres et techniciens
Facilitation à l'implantation d'entreprises françaises et promotion de produits français	Mobilisation de l'épargne intérieure, soutien aux micro-entreprises locales
Communication francophone vers les décideurs et les « culturels » (CFI, TV5)	Radios communautaires et soutien aux médias locaux
Promotion du « meilleur » de la culture française	Développement culturel local et valorisation de l'identité artistique
Grands projets de valorisation de la technologie française	Projets structurants et intégrés au milieu et de renforcement des capacités locales

Source : Ministère des Affaires étrangères, secrétariat général, Rapport, La place de la coopération au développement dans l'action du ministère des Affaires étrangères. Bilan et propositions, groupe de réflexion « politique de développement », Loïc Hennekinne, président, Pierre Jacquemot, rapporteur, juin 2000, p. 10.

On voit bien la différence entre l'attention apportée aux intérêts du pays donateur ou du pays receveur. Il est en outre aisé de retrouver dans la première colonne une application de la diplomatie culturelle. Avec l'ambiance actuelle de diplomatie économique, il est évident que c'est la première colonne qui risque fort de prendre le dessus.

Au-delà, ce que je souhaite montrer ici, c'est que l'argument officiel de l'absence de séparation entre influence et solidarité peut être remis en cause. L'aide (théoriquement la solidarité) n'est pas destinée à n'être qu'un pilier de la politique étrangère (c'est-à-dire l'influence). Un choix est possible. Avec toutes les conséquences que cela implique.

Notes

1. Paris, Seuil, 2021, p. 129.
2. Ministère des Affaires étrangères, Direction des affaires économiques et financières, Projets de barrages hydroélectriques, Konkoure et Kouilou, 1955-1960, P 10747, Archives diplomatiques, La Courneuve.
3. Cf. Philippe Marchesin, *La politique française de coopération. Je t'aide, moi non plus,* Paris, L'Harmattan, 2021, p.p. 231 à 239
4. Sénat, Rapport fait au nom de la commission des affaires étrangères, de la défense et des forces armées sur le projet de loi de programmation, adopté par l'Assemblée nationale après engagement de la procédure accélérée, relatif au développement solidaire et à la lutte contre les inégalités mondiales, par MM. Hugues Saury et Rachid Temal, 14 avril 2021, p. 6.
5. Titre 1er, article 2, III.
6. Projet de loi, modifié, par le Sénat, de programmation relatif au développement solidaire et à la lutte contre les inégalités mondiales le 17 mai 2021, T. A. n° 106, titre 1er, article 1er.
7. Sénat, Journal officiel de la République française, Compte rendu intégral, 11 mai 2021, p. 3668.

8. Bernard Hours, Monique Selim, *Anthropologie politique de la globalisation*, Paris, L'Harmattan, 2010, p. 26.
9. Serge Latouche, L'imposture du développement durable ou les habits neufs du développement, https://www.cairn.info/revue-mondes-en-developpement-2003-1-page-23.htm, § 22.
10. Bertrand Méheust, *La politique de l'oxymore. Comment ceux qui nous gouvernent nous masquent la réalité du monde*, Paris, La Découverte, 2009, p.p. 147, 148.

2

Agir en conséquence

Un nouveau cadre pour l'APD

La loi sur le développement solidaire de 2021, même accompagnée du fameux nouveau paradigme de l'aide, ne répond pas au besoin de réforme reconnu par Emmanuel Macron en personne dans son interview au *Journal du Dimanche* (cf. introduction). L'augmentation de l'aide, quand bien même la barre mythique de 0,7 % serait atteinte, ne résout rien. Il est arrivé que l'aide française dépasse les 1 % dans les années 1960. Avec quels résultats ? Pour reprendre le titre du livre publié par le candidat-président en 2016, c'est à une révolution de l'aide qu'il faut procéder. Un certain nombre de mesures sont indispensables pour réformer véritablement l'aide publique au développement. Voici, sous forme de catalogue – la présentation la plus claire – diverses recommandations en la matière :

- commencer par clarifier l'intitulé même de la politique publique d'aide publique au développement. Comment comprendre la différence entre les 14 milliards d'APD déclarés à l'OCDE et les 3 milliards de la mission aide publique au développement ? C'est le même terme qui est utilisé ;
- pour prolonger cette élémentaire nécessité de savoir de quoi l'on parle, et respecter enfin le cadre démocratique dont nous nous réclamons, soumettre au contrôle effectif du Parlement l'ensemble de l'APD ;
- afin d'aller plus loin, bien distinguer les objectifs à atteindre en matière d'aide publique au développement et

rappeler le lien entre solidarité et éradication de la pauvreté. Les autres objectifs (croissance, biens publics mondiaux…) sont légitimes mais ils contribuent à diluer l'action et à s'éloigner de la lutte contre la pauvreté alors que cette dernière est, dans tous les textes, citée en premier (mais traitée en dernier) ;

- bloquer une somme, la plus conséquente possible, que l'on attribuera uniquement à la solidarité, autrement dit à l'éradication de la pauvreté, que l'on sanctuarisera et que l'on sera prêt à utiliser « à fonds perdus » comme le suppose une démarche axée sur le long terme, synonyme de développement ;
- créer une structure qui sera chargée de gérer cette somme. L'AFD est une banque, elle sait faire des prêts ; elle n'est pas spécialiste en matière de distribution de dons. Ce n'est pas son métier (par exemple, elle ne s'occupe pas de petits projets qui ont pourtant beaucoup de sens en matière d'emploi, de développement, car, explique un agent interviewé, instruire un petit projet demande autant d'énergie que préparer un grand, ce qui n'est pas assez « rentable »[1]) ;
- déconnecter cette structure de la politique étrangère de la France et de la diplomatie économique qui y est rattachée. La solidarité ne peut être sérieusement envisagée si elle est mêlée à l'influence ;
- recruter, dans cette structure, des agents imprégnés des valeurs liées à une authentique politique de coopération (cf. supra, deuxième partie, 2, note 13). André Postel-Vinay, ancien directeur général de la Caisse centrale de coopération économique, notait le manque d'empathie des agents de la coopération envers les pauvres ; ils ne s'intéressaient pas à eux, ne les connaissaient pas. Nous formons dans nos masters Développement des cohortes d'étudiants qui feraient très bien l'affaire ;

- intervenir, dans cette structure, uniquement sous forme de dons, à partir d'une démarche axée sur l'amélioration de la vie des pauvres, non dans une optique humanitaire (il existe d'autres structures pour cela) mais de développement. À ce sujet, sortir de la confusion présente en donnant une définition claire des dons. Quelle est la différence entre les dons et les subventions ? Actuellement, rien ne garantit que les dons aillent à l'éradication de la pauvreté (alors que, selon l'AFD, les contrats désendettement-développement (C2D) servent à « financer des programmes de lutte contre la pauvreté[2] », c'est un C2D qui finance la construction du métro d'Abidjan ; de même, comme indiqué plus haut, des dons financent la francophonie qui relève de l'influence) ;
- définir précisément l'éradication de la pauvreté en mettant surtout en avant l'alimentation, la santé primaire, l'éducation de base et l'emploi en milieu rural à partir de l'agroécologie ;
- distribuer les fonds de l'aide le plus directement aux principaux supposés bénéficiaires, les pauvres, tant les possibilités d'évaporation sont infinies (le pipeline de l'aide est parsemé de fuites provenant autant du pays donateur que du pays receveur) ;
- expliquer aux États du CAD le sens de notre démarche dans la mesure où, depuis l'instauration de l'aide, on s'interdit toute réforme car tout le monde fait pareil, à savoir privilégie l'influence. Si l'on réformait tout seuls, nous serions les dindons de la farce ; expliquer ce que nous faisons pourrait faire tache d'huile.

Exemples d'utilisation d'une aide solidaire

Avant de présenter certains cas d'utilisation de l'aide qui nous semblent intéressants, il est utile de relever quelques faits qui interrogent tout particulièrement en matière de développement, ce qui peut permettre de légitimer l'approche dont nous nous réclamons. Certaines réalités sont particulièrement troublantes. Quel chemin (pavé des milliards d'aide engloutis depuis les indépendances) a-t-il été parcouru ?

Trois constats suffiront car faire un bilan du développement de l'Afrique excède nos moyens.

Le Sahel, région par excellence de pastoralisme, importe du lait en poudre[3]. Le Nigeria, premier pays producteur de pétrole d'Afrique, dépend presque entièrement du carburant importé[4]. Le réseau routier et de chemin de fer africain, marqué par une série de corridors commerciaux stratégiques qui relient les ports aux zones productrices de matières premières[5], reste calqué sur le schéma colonial.

Bref, on peut légitimement se demander à quoi a servi plus d'un demi-siècle d'indépendance. L'Afrique a besoin d'enclencher un développement vertueux synonyme d'autonomie. Tous les pays du monde ont, au début de leur développement, procédé de la sorte. À quarante ans d'écart, deux auteurs aussi impliqués dans le développement de l'Afrique que Jean Audibert, directeur de cabinet du ministre de la Coopération et du Développement Jean-Pierre Cot en 1981 et Khaled Igué, jeune banquier d'affaires et de développement, né en 1983, reconnaissent les mérites d'une approche plus autocentrée, mettant en avant l'échelle locale[6].

Avec le flot démographique annoncé, il est impératif de mettre l'accent sur l'emploi local et la production locale. Jusqu'à quand le poulet PAC [de la politique agricole commune européenne] sera-t-il moins cher que le poulet local ? Combien de temps faudra-t-il attendre pour que les surplus de vêtements occidentaux [fabriqués dans les pays du Sud !], envoyés par conteneurs entiers en Afrique, cessent de détruire les filières de textile local ?

Les jeunes africains doivent se retrousser les manches et passer à l'action, avant tout dans le domaine de l'agriculture. Si l'aide ne peut pas se substituer à eux, elle peut les accompagner dans ce chantier des plus prometteurs. Aider les start-up peut sembler sympathique mais ne suffira pas. Il faut passer à des solutions beaucoup plus massives.

Dans son livre cité plus haut [*L'Afrique est l'avenir du monde. Repenser le développement*[7]], Carlos Lopes, présente un certain nombre d'éléments essentiels en la matière :

- la croissance spectaculaire de la population en âge de travailler sur le continent africain rend urgent le besoin d'emplois, avant tout des jeunes. Plus des trois quarts de ces derniers en Afrique vivent avec moins de 2 dollars par jour ;
- partout dans le monde, le développement a commencé par l'agriculture. Or, c'est en Afrique que se trouve la plus grande réserve au monde de terres agricoles non exploitées. La génération actuelle de jeunes constitue donc un grand potentiel de main-d'œuvre productive dans l'agriculture ;
- le développement de l'agriculture peut être un élément majeur dans la lutte contre la pauvreté car beaucoup de pauvres vivent dans les zones rurales. [Comme l'affirme Georges Courade, en Afrique, la pauvreté est rurale dans 8 cas sur 10[8]] ;
- le modèle de développement de type occidental a provoqué une impasse écologique mondiale. L'Afrique étant le continent le moins engagé dans ce modèle, elle est la mieux placée pour en inventer un autre basé sur une énergie verte et propre. Son potentiel dans ce domaine est

très élevé, à tel point qu'elle pourrait devenir leader dans le marché des énergies renouvelables ;
- la place des petits agriculteurs est essentielle. Jusqu'ici, ils ont été négligés dans le processus de développement, notamment en matière d'accès aux financements. Ceci n'obère pas le développement des cultures commerciales dans la mesure où l'Afrique peut conjuguer l'agriculture commerciale et celle des petits agriculteurs en raison de l'abondance des terres. A ce sujet, il reste encore beaucoup à faire pour développer l'industrie agroalimentaire qui est également un fort pourvoyeur de main d'œuvre ;
- de nombreuses complémentarités ville-campagne sont possibles, étant entendu que la croissance de la population urbaine provoquera une augmentation de la demande en produits alimentaires. La définition de nouveaux continuums entre zones rurales et urbaines pourrait définir une partie de la modernité de l'Afrique.

Bref, alors que le secteur agricole représente le domaine dans lequel l'effort doit être concentré, l'aide, dans certains cas qui nous paraissent particulièrement pertinents, se trouve aux abonnés absents.

Prenons l'exemple de la ferme-école agroécologique de Kaydara au Sénégal, projet phare de l'association Jardins d'Afrique, qui forme de jeunes entrepreneurs ruraux à des pratiques agricoles efficaces basées sur l'agroécologie avec pour ambition de leur permettre par la suite de vivre du travail de la terre et de pouvoir ainsi rester chez eux en étant autonomes[9]. Qu'espérer de mieux ? On est très étonnés de constater que cette ferme-école, qui manque de moyens, notamment pour construire les logements des élèves, ne reçoive pas d'aide institutionnelle conséquente[10]. Mais où est l'AFD ? Comme souligné plus haut, on sait que cette dernière rechigne à soutenir de jeunes structures de petite taille. Mais alors, quelle est la rationalité en matière de développement ? Où est le bon sens ? D'autant plus que la loi de 2021 sur le développement solidaire offre un cadre propice à ce genre d'initiative en affirmant qu'à travers l'APD la France « s'engage » à soutenir en priorité les agricultures familiales et paysannes de façon à permettre aux populations de retrouver une « autonomie alimentaire[11] ». Il est vrai que nous ne sommes pas à une contradiction près. Malgré ces belles paroles – ainsi qu'un point consacré, toujours dans la loi, à la « cohérence des politiques pour le développement durable[12] » – la France continue à soutenir une politique commerciale, notamment européenne, qui va à l'encontre des bonnes intentions énoncées ci-dessus.

Voilà pourtant la direction que devrait prendre l'aide : soutenir et multiplier ce type d'action que l'on retrouve ailleurs en Afrique, à l'image du centre Songhaï au Bénin. Elle remplirait alors pleinement son rôle car, comme l'affirme Cheikh Mouhamedi : « Lutter contre la pauvreté, ce n'est pas distribuer une partie du surplus des autres, c'est produire nous-mêmes[13]. »

Le temps où l'on pouvait contourner ce genre d'évidence est terminé. Il n'est pas normal que le Sénégal importe plus de 50 % de ses besoins alimentaires[14]. Il faut choisir : soit nous aidons l'Afrique à se nourrir elle-même, soit les jeunes africains viendront en Europe gagner de l'argent dont ils enverront une partie pour nourrir leurs familles restées au pays avec tous les problèmes bien connus que cela suppose, ici et là-bas.

Un problème de méthode subsiste. S'il est acquis que la plus grosse partie de l'APD continuera à se faire d'État à État, il faut bien être conscient de l'obstacle que représente l'État, aussi bien au départ (à travers les réflexes de l'administration en matière d'aide) qu'à l'arrivée (sous forme de multiples ponctions dont l'aide fait l'objet). Il faut donc, pour la partie solidarité, éviter au maximum les

États. C'est le conseil que donne Hindou Oumarou Ibrahim, représentante des femmes Mbororo du Tchad. Lors du colloque d'Expertise France sur la coopération internationale, celle qui porte la voix du « terrain » affirme : « Quand on crée un fonds et qu'on fait un partenariat seulement avec le gouvernement, les ministères, les grandes organisations, ça veut dire que les communautés sont laissées à elles-mêmes. Et c'est ça qu'on doit absolument éviter. » Elle poursuit en répondant à la journaliste, Fatimata Wane, qui l'interroge sur les innovations nécessaires en matière de développement : « L'innovation, c'est donner l'accès direct au financement pour les communautés qui en ont besoin maintenant » et précise que l'implication directe des communautés donne immédiatement ses fruits : « A la fin du projet, cette communauté va le pérenniser parce que c'est elle qui a été l'acteur de ce développement[15]. »

Un épisode de ce colloque qui éclaire tout particulièrement le sujet que nous venons d'aborder mérite d'être relaté. Fatimata Wane pose exactement la même question à ses deux interlocuteurs, Hindou Oumarou Ibrahim et Rémy Rioux, directeur général de l'AFD, qui sont face à elle dans le studio : « Est-ce qu'on peut réussir un projet sans impliquer les populations locales ? » Hindou Oumarou Ibrahim répond de façon franche, directe et enthousiaste : « Je peux dire ? La réponse la plus courte : non. On ne peut pas réussir un projet sans impliquer les communautés. Et je vous dis pourquoi. Quand on veut faire un projet, on a tendance à le préparer, à l'écrire et aller sur le terrain dire : "Bon, OK, vous êtes des bénéficiaires" et on l'exécute. Et là, le projet ne marche pas du tout. Pour qu'un projet marche très bien, on doit le préparer avec les communautés elles-mêmes. On doit les impliquer sur leurs besoins[16]. » Elle donne alors un exemple illustrant ce qu'elle vient d'énoncer.

Fatimata Wane pose exactement la même question à Rémy Rioux. La réponse est beaucoup moins directe. Il marque un temps d'arrêt et… ne répond pas à la question. Après avoir constaté que depuis 2015 « on est tous en développement durable », il affirme que « les solutions de développement durable, toujours spécifiques, toujours inspirantes, naissent partout[17] ».

Tout est dit : la militante écologiste répond très clairement à la question, à partir des réalités. Le haut fonctionnaire du Trésor déplace le sujet sur un terrain très général où la question est noyée dans de vagues considérations.

Notes

1. « […] Pour les prêts que nous faisons, il faut que la structure soit assez solide pour pouvoir s'endetter, ce qui est rarement le cas des structures de cette taille-là. Pour leur projet, ils ne vont pas dépasser… même 500 000 euros, c'est déjà énorme pour eux. Et nous, on ne peut pas financer des petites sommes en fait. Ça demande trop d'investissement en termes de ressources humaines d'aller financer des petits projets comme ça parce que nous, le temps qu'on met à instruire un projet, à le regarder, ça va être quasiment le même sur une subvention à 5 millions qu'un prêt de 100 millions en fait. Donc, comme on coûte à l'État… parce qu'on se fait payer par l'État français pour faire ce qu'on fait… c'est clair qu'un petit projet, ce n'est pas assez "rentable". » in *Entretien avec un agent de l'AFD*, université Panthéon-Sorbonne, master 2 Études africaines et méditerranéennes, 2020-2021, p 13.
2. https://www.afd.fr/fr/le-c2d-un-mecanisme-pour-soulager-les-pays-endettes

3. https://www.cirad.fr/espace-presse/communiques-de-presse/2020/importations-poudres-lactees-afrique-de-l-ouest
4. https://afrique.latribune.fr/afrique-de-l-ouest/nigeria/2019-05-04/nigeria-les-importateurs-d-hydrocarbures-participent-au-programme-national-carburants-contre-petrole-brut-816051.html
5. https://journals.openedition.org/belgeo/11266
6. Jean Audibert, *Jamais je n'ai cessé d'apprendre l'Afrique*, Paris, Karthala, 2006. Khaled Igué, *L'heure de l'Afrique. Pour un développement durable et inclusif*, Paris, Hermann Éditeurs, 2020.
7. Paris, Seuil, 2021.
8. Georges Courade, « L'Afrique des pauvretés à l'heure du Covid-19 », *Politique étrangère*, 2021/1, p. 40.
9. https://www.youtube.com/watch?v=K0lA4uib-fY&ab_channel=L%27EspritSorcierOfficiel ; https://jardins-afrique.org/ferme-ecole-kaydara/#kaydara
10. Cf. Jérôme Lesuisse, *Kaydara : un projet de développement en milieu rural*, université Paris 1 Panthéon-Sorbonne, master 2 Études africaines et méditerranéennes, septembre 2021, p.p. 12, 8.
11. Cadre de partenariat global, II, B, b, 3.
12. *Ibid.*, I, E.
13. In *Semer, récolter, résister* (documentaire réalisé par Marion Dualé et Ousmane Dary, présenté par l'association SOL, FONGS-Action paysanne et Allumage Production). https://www.youtube.com/watch?v=tARZZfMWhHE&ab_channel=SOL%3AAlternativesAgro%C3%A9cologiquesetSolidaires
14. *Ibid.* Plus généralement, Carlos Lopes note qu'en 2012, 87 % des importations de produits alimentaires en Afrique provenaient de pays extérieurs à l'Afrique (Carlos Lopes, *L'Afrique est l'avenir du monde. Repenser le développement, op. cit.).*

15. Expertise France, Rencontres internationales de la coopération : partager nos savoir-faire pour un monde en commun, 9 février 2021.
https://www.youtube.com/watch?v=CRAuH7dYA9Q
16. *Ibid.*
17. *Ibid.*

Conclusion

« Ceux qui ont le privilège de savoir ont le devoir d'agir » (Albert Einstein)

Selon l'article 1 de la loi sur le développement solidaire, le premier objectif de l'aide publique au développement est « l'éradication de la pauvreté dans toutes ses dimensions ». Cet objectif traverse l'histoire de l'aide. Ce rappel, en tout début de loi, est de bon augure. Il consacre, sur le plan de la rhétorique, l'impératif de solidarité. Par ailleurs, le moment que nous vivons peut sembler favorable pour une évolution dans la bonne direction. Lors d'un entretien à Radio France Internationale le 30 mai 2021, Achille Mbembe, après avoir rencontré le président français, affirme que nous nous trouvons dans une phase de transition, dans un moment où « des choses sont possibles ». C'est le verre à moitié plein.

On sait toutefois que depuis le début de l'institutionnalisation de la coopération, l'administration de l'aide s'est éloignée de cet objectif. De son côté, Emmanuel Macron semble ne pas y penser particulièrement. Dans les deux longs entretiens qu'il a accordés en 2020 et 2021 sur l'Afrique[1], il fait référence à l'aide mais ne prononce jamais le mot « pauvreté ». Quant au « nouveau paradigme », mis en avant ostensiblement par les plus grands décideurs de l'aide début 2021, à la veille de l'adoption de la loi, il disparaît littéralement quelques mois plus tard : personne n'a utilisé ce terme – pourtant particulièrement fort – dans les documents budgétaires de l'Assemblée nationale publiés en octobre 2021, à croire qu'il ne représentait qu'un simple élément de langage. C'est le verre à moitié vide.

Attention ! Le développement ne se fera pas uniquement avec quelques beaux mais trop rares projets du fonds de solidarité pour les projets innovants ou avec l'obsession d'un retour sur fond de diplomatie économique. Revenir au « fondamental » de la lutte contre la pauvreté permettrait de toucher le plus de gens avec deux résultats à la clé : changer la vie des populations, ce qui est l'objectif central de l'aide, et, enfin !, l'image de la France. Il faut donc mettre beaucoup plus de moyens vers les populations les plus concernées et les aider directement en les associant du début à la fin des projets. C'est la condition de la pérennité de ces derniers.

Alors que, lors du colloque d'Expertise France, Rémy Rioux notait qu'en Europe, nous sommes encore très loin de la neutralité carbone, Hindou Oumarou Ibrahim faisait remarquer que dans sa communauté, au Tchad, dans laquelle il n'y a pas l'électricité, « on produit déjà neutres en carbone » et poursuivait : « Donc, on est en avant de trente ans par rapport à l'Europe, ce qui est incroyable [...]. Quand on se déplace en tant que nomades, ça prend du temps mais ça permet à l'écosystème de se régénérer de manière très naturelle et de vivre en harmonie avec la nature. Chez nous, la jeunesse innove tous les jours [...] Il faut investir là-dedans. [...] Il faut des projets à la hauteur de ces communautés. Il faut un accès direct au financement, un financement direct aux communautés avec des critères allégés[2]. »

Qu'attend-on pour agir ?

Notes

1. À l'Élysée, avec Antoine Glaser et Pascal Airault, le 25 septembre 2020, in Antoine Glaser et Pascal Airault, *Le piège africain de Macron. Du continent à l'Hexagone*, Paris, Fayard, 2021, p.p. 223 à 254 ; Le *Journal du Dimanche* du 30 mai 2021.

2. Expertise France, Rencontres internationales de la coopération, février 2021,
https://www.youtube.com/watch?v=CRAuH7dYA9Q&ab_channel=ExpertiseFrance, 2h13’

TABLE DES MATIÈRES

Structures éditoriales du groupe L'Harmattan

L'Harmattan Italie
Via degli Artisti, 15
10124 Torino
harmattan.italia@gmail.com

L'Harmattan Hongrie
Kossuth l. u. 14-16.
1053 Budapest
harmattan@harmattan.hu

L'Harmattan Sénégal
10 VDN en face Mermoz
BP 45034 Dakar-Fann
senharmattan@gmail.com

L'Harmattan Cameroun
TSINGA/FECAFOOT
BP 11486 Yaoundé
inkoukam@gmail.com

L'Harmattan Burkina Faso
Achille Somé – tengnule@hotmail.fr

L'Harmattan Guinée
Almamya, rue KA 028 OKB Agency
BP 3470 Conakry
harmattanguinee@yahoo.fr

L'Harmattan RDC
185, avenue Nyangwe
Commune de Lingwala – Kinshasa
matangilamusadila@yahoo.fr

L'Harmattan Congo
67, boulevard Denis-Sassou-N'Guesso
BP 2874 Brazzaville
harmattan.congo@yahoo.fr

L'Harmattan Mali
ACI 2000 - Immeuble Mgr Jean Marie Cisse
Bureau 10
BP 145 Bamako-Mali
mali@harmattan.fr

L'Harmattan Togo
Djidjole – Lomé
Maison Amela
face EPP BATOME
ddamela@aol.com

L'Harmattan Côte d'Ivoire
Résidence Karl – Cité des Arts
Abidjan-Cocody
03 BP 1588 Abidjan
espace_harmattan.ci@hotmail.fr

Nos librairies en France

Librairie internationale
16, rue des Écoles
75005 Paris
librairie.internationale@harmattan.fr
01 40 46 79 11
www.librairieharmattan.com

Librairie des savoirs
21, rue des Écoles
75005 Paris
librairie.sh@harmattan.fr
01 46 34 13 71
www.librairieharmattansh.com

Librairie Le Lucernaire
53, rue Notre-Dame-des-Champs
75006 Paris
librairie@lucernaire.fr
01 42 22 67 13

www.ingramcontent.com/pod-product-compliance
Lightning Source LLC
LaVergne TN
LVHW051356061026
849535LV00009B/3214